100 Rezepte

Das Beste vom Tischgrill

SUPER BARBECUE
FAL
MAX
0
1
2
3
4
5

100 Rezepte Tischgrill & Co.

von

Armin Roßmeier

Unipart - Verlag • Stuttgart

Inhalt

genehmigte Lizenzausgabe für
UNIPART-VERLAG GMBH,
Remseck bei Stuttgart, 1996

ISBN 3 8122 3342 8

Vorwort.

Grillen bringt stets einen urtümlichen Hauch in unser Leben. Schon vor Jahrtausenden haben unsere Vorfahren erkannt, wie zweckmäßig es ist, Fleisch einfach über offenem Feuer zu garen. Nur so wird es überhaupt genießbar, und wenn man Fleisch räuchert auch haltbarer.

Speisen auf dem Rost oder am Drehspieß zu grillen, war jahrelang eine große Mode hierzulande. In den Sommermonaten konnte man an schönen Abenden den Duft von Holzkohlenfeuern weithin riechen. Das hat sich in letzter Zeit scheinbar ein wenig abgeschwächt. Aber es wäre völlig verfehlt, wollte man daraus schließen, das Grillen sei inzwischen weniger beliebt. Eher trifft das Gegenteil zu. Nur die Methoden, die Orte und Zeiten haben sich geändert. Früher war das Grillen nur im eigenen Garten, an Flußufern oder eigens dafür eingerichteten Grillplätzen möglich. Inzwischen kann jeder auch bei sich daheim in der frisch tapezierten Wohnung grillen. Und auf schönes Wetter warten bloß noch die Wetterfrösche. Wer in die Wohnung ausweichen kann, den bringt ein Regenschauer nicht aus der Fassung. Vom Grillgeruch aus Nachbars Garten oder vom Nachbarbalkon braucht sich auch niemand mehr gestört zu fühlen. Alle diese Veränderungen verdanken wir den elektrisch betriebenen Tischgrills. Sie machen uns unabhängig vom Wetter und von der Jahreszeit. Auch im Winter können Sie nun Ihre Freunde zu einem zünftigen Grillfest einladen.

Daß man im Wohnzimmer Fleisch grillen kann, ist ja nicht selbstverständlich. Das ist erstens nur möglich, weil beim elektrischen Tischgrill kein Holzkohlenruß anfällt. Und zweitens, weil überhaupt beim Grillen kein Fett verwendet wird. Man bestreicht die Grilladen höchstens dünn mit Fett, um sie vor dem Austrocknen zu schützen. Dadurch gibt es keine Fettschwaden in der Wohnung und keinen unangenehmen Geruch.

Das schont nicht nur die weißen Wände und unsere Nasen. Die sparsame Verwendung von Fett dient auch unserer Gesundheit. Einmal dadurch, daß wir überhaupt weniger Fett zu uns nehmen. Zum anderen haben die elektrischen Tischgrills den unschätzbaren Vorteil, daß kein Fett in die Glut tropfen kann. Verbrennendes Fett produziert nämlich gesundheitsschädliche Stoffe. Grillen am Tischgrill ist also eine zeitgemäß gesundheitsbewußte Art der Zubereitung von Speisen.

Darüber hinaus ist es auch eine sehr gesellige Art. Gastgeber und Gäste sind um die Kochstelle versammelt. Niemand muß in der Küche schwitzen, während die anderen sich amüsieren. Jeder ist hier sein eigener Koch. Jeder wählt sein Grillstück aus, und stellt sich die Beilagen nach Wunsch zusammen. Das macht Spaß und läßt keine ungemütlich steife Atmosphäre aufkommen.

Bunte Saucen, pikante Dips und köstliche Beilagen machen aus einer normalen Grillparty vollends ein gelungenes Fest.

Neben den Rezepten erhalten Sie auch notwendige Informationen zu den technischen und organisatorischen Grundlagen des Grillens am heimischen Tisch.
So sind Sie gegen jeden Ansturm von hungrigen Gästen gut gewappnet.

Die Bilder dieses Buches werden Sie dazu verführen einmal ein Grillabenteuer zu wagen. Es wird garantiert nicht das einzige bleiben.

Die 100 Rezepte sind sorgfältig zusammengestellt und ausprobiert. Sie geben Ihnen eine Grundlage, für weitere Ausflüge auf diesem kulinarischen Gebiet. Wenn Sie erst einmal Geschmack daran gefunden haben, werden Sie bald mit Lust und Appetit eigene Kreationen herbeizaubern.

Viel Spaß dabei und gutes Gelingen
wünscht Ihnen
Ihr Armin Roßmeier

Moderne Tischgrills

Am Anfang war das Feuer. Einige Jahrtausende später war der Holzkohlengrill die Spitze der Entwicklung. Heutzutage hat die technische Entwicklung andere Maßstäbe gesetzt.

Die Geschichte der Elektrogrills beginnt mit ganz einfachen Kästen, in denen die Heizstäbe oben eingebaut waren. Im Gegensatz zum Holzkohlengrill brachte das immerhin schon den wichtigen Vorteil für unsere Gesundheit, daß herabtropfendes Fett nicht mehr auf die Glut tropfen konnte. Damit war die Entstehung krebserregender Nitrosamine und aromatischer Kohlenwasserstoffe verhindert. Diese Stoffe können sich nämlich bei der Verbrennung organischer Substanzen wie Fett oder Fleisch bilden.

Die elektrischen Grills brachten aber gleich eine weitere Neuerung mit sich: die Temperatur der Heizstäbe war frei regulierbar. Dadurch wird weitgehend verhindert, daß die Speisen im Grill überhitzt werden oder womöglich sogar verbrennen. Verbrannte Lebensmittel sind übrigens völlig ungenießbar. Schwarze, verkohlte Stellen sollten Sie stets ganz ausschneiden.

Logischerweise ist es immer günstiger, wenn Wärme von unten kommt, da sie ja von allein nach oben steigt. Bei der aktuellen Generation der Tisch- und Partygrills liegen die Heizstäbe deshalb wieder unter dem Rost. Möglich wurde das durch ein raffiniertes System, mit welchem auslaufendes Fett aufgefangen wird. Es tropft in eine Wanne, die mit Wasser gefüllt ist. Dabei wird auch störender Fettgeruch gleich im Keim erstickt.

Die neueste Entwicklung stellen die sogenannten Kontaktgrills dar. Das sind kleine Geräte, die auch nur für kleines Grillgut geeignet sind. Dabei wird die Hitze nicht von Heizstäben ausgestrahlt, sondern direkt auf die Speisen übertragen. Die Oberfläche dieser Heiz- oder Kontaktflächen ist gerillt und besteht aus Teflon oder Aluminium.

Daneben gibt es aber auch Geräte mit Kontaktplatten aus Gußeisen oder sogar aus Lavastein. Dieser Stein hat ganz außergewöhnliche Eigenschaften. Er ist sehr porös und nimmt auch große Mengen Fett einfach in sich auf. Unter dem Stein liegt die Wärmequelle, die mit Gas oder Strom betrieben wird. Wenn der Stein heiß ist, dann können Sie auf ihm ohne Fett grillen. Korrekt ausgedrückt wird das Fleisch im eigenen Saft gebraten. Denn es ist ja nicht heißer Luft ausgesetzt, sondern hat direkten Kontakt zur Wärmequelle. Aber durch die Einsparung von Fett ist das Garen auf dem heißen Stein eher dem Grillen verwandt als dem Braten in Fett.

Neuerdings gibt es auch Kombinationsgeräte. Oben ist eine Heizplatte aus Stein, darunter gibt es aber die Möglichkeit, Raclettepfännchen einzuschieben. Auf diese Weise können Sie oben Ihr Fleisch oder Ihren Fisch grillen, während eine Etage tiefer schon die leckeren Käse- und Gemüsebeilagen garen.

Verschiedene Kontaktgrills haben zwei Kontaktplatten, die man zusammenklappen kann. Das Grillgut wird dann gleichzeitig von beiden Seiten gegrillt. Dabei entfällt das Wenden der Grilladen. Man kann die Hälften aber auch aufklappen und erhält so eine fugendichte Grillfläche von doppelter Größe. Einfachere Ausführungen haben nur eine einzige Kontaktplatte.

Ein Tischgrill paßt auf jeden Tisch. Sein Vorteil liegt darin, daß er wirklich überall Platz hat, schnell aufgebaut und wieder weggeräumt ist. Aber allzu klein darf ein Tischgrill auch nicht sein. Eine Grillplatte sollte mindestens für 4 Portionen Platz bieten. Mehr Platz kann nicht schaden. Denn es verdirbt die gute Laune schnell, wenn man mit hungrigem Magen anstehen muß und warten, bis endlich ein Fleckchen auf dem Grill frei wird.

Unbeschichtete Kontaktplatten sollten vor dem Grillen ganz dünn eingefettet werden. Das ist bei beschichteten Heizplatten nicht unbedingt nötig. Sie müssen aber darüber wachen, daß die Speisen nicht anbrennen. Immerhin erreichen die Platten an der Oberfläche eine Temperatur von etwa 180-200°C. Falls doch mal Reste auf der Platte kleben bleiben, sollten Sie diese mit einem geeigneten Spachtel aus Holz

oder Plastik gleich entfernen. Verwenden Sie dazu niemals ein Messer oder eine Gabel. Die Platten sind sehr empfindlich gegen mechanische Beschädigung. Kratzer in der Beschichtung sind nicht nur häßlich, Sie sind auch ein Risiko für die Gesundheit. Denn wenn die Oberfläche verletzt ist, können sich unter Umständen giftige Dämpfe bilden. Außerdem dürfen beschichtete Platten nicht überhitzt werden, da sonst ebenfalls gesundheitsschädliche Dämpfe entstehen können. Aber bei sachgemäßer Bedienung und Pflege sind Tischgrills perfekte Helfer in der Grillküche.

Elektrogrillgeräte vergrößern Ihre Möglichkeiten, die Familie wie auch Gäste mit kulinarischen Genüssen zu überraschen. Denn Sie können auf diesen Geräten nicht nur grillen, sondern auch dünsten, gratinieren und toasten.

Nur das Aroma von Holzkohlenrauch können Sie auf dem Tischgrill nicht herbeizaubern. Aber bei den vielen Vorteilen, werden Sie das sicher leicht verschmerzen.
Erlaubt ist, was schmeckt.

Das Fleisch

Allein vom Rind gibt es so viele Delikatessen, daß Sie eigentlich die Qual der Wahl haben. Ob Sie nun ein besonders zartes Filet zubereiten, oder ein Chateaubriand, Tournedos oder ein T-Bone-Steak, Spareribs oder ein Medaillon - Sie dürfen Sich immer auf einen Hochgenuß freuen, wenn Sie gute Qualität bei Ihrem Metzger gekauft haben.

Kalbfleisch eignet sich auch gut zum Grillen. Es ist aber magerer als Rindfleisch und muß deshalb vorsichtig behandelt werden, damit es nicht austrocknet und zäh wird.

Rindfleisch soll gut abgehangen sein. 1-2 Wochen sind günstig.

Schweinefleisch dagegen schmeckt am besten kurz nach dem Schlachten. Schweinefleisch ist allgemein fetter als Rindfleisch. Es eignet sich sehr gut zum Grillen. Schweinefleisch bleibt immer saftig, obwohl kein Fett zugegeben wird.

Auch Lammkoteletts oder Chops sind eine reine Köstlichkeit. Wenn Sie Spieße aus verschiedenen Fleischsorten und Gemüse zusammenstellen, achten Sie bitte darauf, daß die Stücke gleich groß und dick sind, damit sie gleichmäßig garen. Schwierig wird das allerdings, wenn Sie Rind- und Schweinefleisch kombinieren. Schweinefleisch wird nämlich in aller Regel ganz durchgegart, während Rindfleisch dann am besten schmeckt, wenn es innen noch zart rosa ist.

Auch Fisch eignet sich auf dem Grill. Er wird schnell und praktisch geruchsfrei gegart. Besonders fettreiche Sorten sind grilltauglich, allen voran der Aal, gefolgt von Lachs, Makrele, Forelle und Heilbutt.

Schließlich schmeckt auch Geflügel vom Grill. Nicht nur ein Grillhähnchen, auch Putenschenkel oder Entenbrust werden garantiert heiß begehrt sein.

Für Fisch und Fleisch gilt ganz allgemein: je magerer das Grillstück ist, desto öfter müssen Sie es an der Oberfläche dünn mit Öl bepinseln. Wenn Sie nicht so großen Wert auf eine perfekte Kruste legen, dann können Sie natürlich die Grillstücke in Alufolie einwickeln. Auf diese Art garen sie schonend im eigenen Saft und völlig ohne Fett.

Das Gemüse

Gemüse ist ein fester Bestandteil der Grillküche.
Dabei muß man gar nicht auf das Argument der Gesundheit zurückgreifen. Denn Gemüse zeigt auf dem Grill solche Qualitäten, daß keiner darauf verzichten will, der einmal auf den guten Geschmack gekommen ist.
Gemüse ist geradezu zum Grillen vorbestimmt. Auf dem Grill sind die Garzeiten nämlich sehr kurz. Wenn Gemüse dagegen längere Zeit in Wasser gekocht wird, verliert es einen großen Teil seiner wertvollen Vitamine und Mineralstoffe.

Zudem wird Gemüse beim Grillen exakt zubereitet und sofort verzehrt. Es muß nicht lange warmgehalten werden. So bleiben die frische Farbe und der knackige Biß erhalten.

Das Gemüseangebot ist heute in jeder Saison groß wie nie zuvor. Außerdem können Sie jederzeit auch tiefgefrorenes Gemüse verwenden, das zumeist von erstklassiger Güte ist. Denn es kann nur solches Gemüse eingefroren werden, das nicht mit Hilfe von Kunstdünger hochgezogen wurde.
Zwar ist tiefgefrorenes Gemüse teurer als frisches, aber Sie sparen sich auch viel Arbeit und vor allem Abfall.

Salate und Gewürze

Salate dürfen bei einem Grillfest nicht fehlen. Sie sorgen für Frische und Gesundheit, ganz gleich, ob sie mit frischen Kräutern oder mit raffinierten Dressings angemacht werden.

Apropos würzen: Fleisch darf nicht vor dem Grillen gesalzen werden. Salz entzieht dem Fleisch Wasser, das an der Oberfläche stehen bleibt. Folglich können sich die Poren nicht schnell genug schließen; das Fleisch schwitzt den guten Saft aus, und die feuchte Oberfläche verhindert, daß sich eine schöne, knackige Kruste bildet.

Allgemein sollten Sie Fleisch vor dem Grillen in einer Marinade einlegen. Das macht das Fleisch erst richtig reif zum Genuß. Marinaden basieren auf

einer Mischung von Öl, Essig und Gewürzen nach Ihrer Wahl und Ihrem Geschmack. Es gibt unzählige Rezepte für Marinaden. Mit der Zeit werden Sie sicher auch ein eigenes Geheimrezept herausfinden.

Ansonsten sind verschiedene Saucen, Dips und Buttermischungen für das Gesamtbild beim Grillen entscheidend. Sie bringen Farbe und Geschmack auf den Tisch.
Die Saucen können Sie als Vorspeise zum Einstippen mit rohem Gemüse verwenden, aber auch zum Würzen der Grilladen. Die Buttermischungen beispielsweise mit frischen Kräutern setzen einem Steak die Krone auf.

Beilagen und Getränke
Brot und Getränke dürfen neben dem Grill nicht fehlen.
Vor allem Weißbrot ist als Beilage und zum Einstippen beliebt.

Bier schmeckt eigentlich zu allen Grillanlässen.
Aber auch Rotwein paßt in der Regel.
Und daß zu einem Fisch meist Weißwein gereicht wird, sollte bekannt sein.
Obwohl die Speisen vom Grill in der Regel leicht verdaulich sind, weil ja ohne Fett gegrillt wird, kann ein gutes Obstwasser zum Schluß niemandem schaden. Es sei denn er ist Autofahrer.

Übrigens ist ein moderner Tischgrill nicht nur ein Gerät für besondere Stunden. Seine Alltagstauglichkeit beweist er jederzeit. Sie können zum Beispiel Suppen darauf zubereiten, oder Toasts in jeder Variation. Und nicht einmal beim Dessert läßt der Tischgrill Sie im Stich.

SCHWEINEBAUCH MIT JOHANNISBEERKRUSTE

FÜR 4 PERSONEN:
8-12 dünne Schweinebauchscheiben à 75 - 90 g
Salz, Pfeffer aus der Mühle
3-4 EL Olivenöl

AUSSERDEM:
1 Tasse Johannisbeergelee
4 EL geriebenen Meerrettich
4 EL Tomaten-Ketchup
1 EL Currypulver
4 cl Weinbrand oder Johannisbeerlikör
1 Prise Cayennepfeffer
einige Tropfen Tabasco ▼

1. Die küchenfertigen Schweinebauchscheiben unter fließendem Wasser abwaschen, trockentupfen, mit Salz und Pfeffer würzen und mit Olivenöl bestreichen.
2. Die Schweinebauchscheiben auf den Grill legen und garen.
3. In der Zwischenzeit das Johannisbeergelee mit dem Meerrettich, dem Tomaten-Ketchup, dem Curry und dem Weinbrand oder Johannisbeerlikör in eine Schüssel geben und glattrühren.
4. Mit Salz, Pfeffer, Cayennepfeffer und Tabasco abrunden.
5. Kurz vor Garende die Glasur gleichmäßig auf die Schweinebauchscheiben verstreichen und diese glacieren.
6. Die fertigen Schweinebauchscheiben anrichten, mit der restlichen Johannisbeerglasur überziehen, ausgarnieren und servieren.

KRÄUTER-SCHNITZELCHEN

FÜR 4 PERSONEN:
8-12 dünne Schweinerückensteaks à 75 - 80 g
Salz, Pfeffer aus der Mühle
1 Tasse Olivenöl
2 Knoblauchzehen
1 TL Salz
1 EL Majoran
1 EL Thymian
1 EL Rosmarin
einige Tropfen Tabasco
Saft von 2 Zitronen ▼

1. Die Schweinerückensteaks unter fließendem Wasser abwaschen, trockentupfen und kurz klopfen, mit Salz und Pfeffer würzen.
2. Das Olivenöl mit den geschälten und mit Salz zerriebenen Knoblauchzehen, dem Majoran, dem Thymian und dem Rosmarin verrühren.
3. Mit Tabasco je nach Geschmack schärfen und die Schweinerückensteaks damit einstreichen.
4. Die Steaks im Kühlschrank 30 Minuten ziehen lassen und anschließend auf dem Grill garen.
5. Nach Ende der Garzeit anrichten, mit dem Zitronensaft beträufeln, ausgarnieren und servieren.

SCHWEINENACKEN MIT SENFGLASUR

FÜR 4 PERSONEN:
8 Schweinenackensteaks à 120 g
Salz, Pfeffer aus der Mühle
3-4 EL Olivenöl
1 EL Majoran

AUSSERDEM:
1/2 Tasse mittelscharfen Senf
2 EL Aprikosenmarmelade
1 EL grüne Pfefferkörner
2 Knoblauchzehen
1 TL Salz
1 Bund Petersilie ▼

1. Die küchenfertigen Schweinenacken-steaks unter fließendem Wasser abwaschen, trockentupfen, mit Salz und Pfeffer kräftig würzen.
2. Das Olivenöl mit dem Majoran verrühren und die Schweinenackensteaks damit einstreichen.
3. Die Nackensteaks in eine Schüssel geben und im Kühlschrank mindestens 1 Stunde ziehen lassen.
4. In der Zwischenzeit den Senf mit der Aprikosenmarmelade, den Pfefferkörnern und den geschälten und mit Salz zerriebenen Knoblauchzehen in einer Schüssel verrühren.
5. Die Petersilie verlesen, waschen, fein hacken und ebenfalls untermischen.
6. Die Schweinenackensteaks auf den Grill legen und garen.
7. Kurz vor Garende mit der Senfglasur einstreichen und fertig garen.
8. Die Nackensteaks anrichten, mit der restlichen Glasur überziehen, ausgarnieren und servieren.

NACKENSTEAKS MIT HONIGGLASUR

FÜR 4 PERSONEN:

4 Schweinenackensteaks à 200 g
Salz, Pfeffer aus der Mühle
1-2 EL Sonnenblumenöl
2 EL Honig
2 EL Tomaten-Ketchup
1/2 TL Majoran
1/2 TL Thymian
einige Tropfen Tabasco
Saft von 1/2 Zitrone
1 Knoblauchzehe ▼

1. Die Schweinenackensteaks unter fließendem Wasser abwaschen, trokkentupfen, mit Salz und Pfeffer kräftig würzen.
2. Das Sonnenblumenöl mit dem Honig, dem Tomaten-Ketchup, dem Majoran und dem Thymian in eine Schüssel geben und glattrühren.
3. Das Ganze mit Tabasco, Zitronensaft und der geschälten und feingehackten Knoblauchzehe würzen.
4. Die Glasur gleichmäßig auf die Schweinenackensteaks verteilen und diese im Kühl-schrank mindestens 30 Minuten ziehen lassen.
5. Anschließend die Schweinenackensteaks auf dem Grill garen und während der Garzeit öfter mit der Glasur bestreichen.
6. Die Steaks anrichten, ausgarnieren und servieren.

SCHOLLENFILETS MIT MEERRETTICH-SAUCE

FÜR 4 PERSONEN:

8 Schollenfilets à 80 g
einige Tropfen Zitronensaft
einige Tropfen Worcestersauce
Salz, Pfeffer aus der Mühle
1-2 EL Meerrettich aus dem Glas
2-3 EL Sonnenblumenöl

AUSSERDEM:

1 Zwiebel, 2 Karotten
1 Stück Knollensellerie
1-2 EL Sonnenblumenöl
1 Zucchino
1/8 l Gemüse- oder Hühnerbrühe
2 Tassen Meerrettichsauce (Fertigprodukt)
1 Bund glatte Petersilie
je 1 Prise Muskat, Cayennepfeffer und Zucker ▼

1. Die Schollenfilets waschen, trokkentupfen, mit Zitronensaft und Worcestersauce beträufeln.
2. Die Schollenfilets mit Salz und Pfeffer würzen und mit dem Meerrettich sowie dem Öl bestreichen und 10-15 Minuten marinieren.
3. Die Zwiebel fein würfeln.
4. Die Karotten und den Knollensellerie putzen und ebenfalls in Würfel schneiden.
5. Das Sonnenblumenöl in einer Pfanne erhitzen und das Gemüse darin glasig schwitzen.
6. In der Zwischenzeit den Zucchino putzen und in Würfel schneiden.
7. Die Gemüse- oder Hühnerbrühe angießen und das Gemüse bißfest garen.
8. Die Zucchiniwürfel untermischen und kurz mitgaren.
9. Mit der Meerrettichsauce auffüllen und zum Kochen bringen.
10. Die gehackte Petersilie untermischen und mit Salz, Pfeffer, Muskat, Zitronensaft, Worcestersauce, Cayenne-pfeffer und Zucker abschmecken.
11. Die Schollenfilets garen, anrichten, mit der Sauce überziehen, ausgarnieren und servieren.

KRÄUTER-BAUCHSCHEIBEN

FÜR 4 PERSONEN:

8 dünne Scheiben mageren Schweinebauch
Salz, Pfeffer aus der Mühle
1/2 Tasse Sonnenblumenöl
1 Knoblauchzehe
1 EL Kräuter der Provence
1 TL Rosmarin
1 TL Majoran ▼

1. Die Schweinebauchscheiben unter fließendem Wasser abwaschen, trockentupfen, mit Salz und Pfeffer kräftig würzen.
2. Das Sonnenblumenöl mit der geschälten und feingehackten Knoblauchzehe, den Kräutern der Provence, dem Rosmarin und dem Majoran glattrühren.
3. Die Marinade gleichmäßig auf die Schweinebauchscheiben verteilen und diese im Kühlschrank mindestens 30 Minuten ziehen lassen.
4. Die Schweinebauchscheiben auf dem Grill garen und während der Garzeit öfter mit der Marinade bestreichen.
5. Die Schweinebauchscheiben anrichten, ausgarnieren und servieren.

BANANEN-NUSS-STEAKS

FÜR 4 PERSONEN:

8-12 Schweinemedaillons à 80 g
1 Tasse Haselnußöl
2 EL Honig
einige Tropfen Worcestersauce
2 EL Sojasauce
Salz, Pfeffer aus der Mühle
2 Bananen
Saft von 1/2 Zitrone
2 EL Butter oder Margarine
200 g Edelpilzkäse
60 g Haselnüsse
Kräuterzweige zum Garnieren ▲

1. Die küchenfertigen Schweinemedaillons unter fließendem Wasser abwaschen, trockentupfen und in eine Schüssel geben.
2. Das Haselnußöl mit dem Honig in eine Schüssel geben, glattrühren, mit Worcester-sauce, Sojasauce, Salz und Pfeffer würzen.
3. Die Marinade gleichmäßig auf die Schweinemedaillons geben und diese im Kühlschrank mindestens 2 Stunden ziehen lassen.
4. Für die Zubereitung die Bananen schälen, längs und anschließend quer halbieren und mit Zitronensaft beträufeln.
5. Eine Aluform mit Butter oder Margarine ausstreichen und die Bananen einsetzen.
6. Den Edelpilzkäse in Scheiben schneiden und auf die Bananenstückchen legen. Das Ganze mit Nüssen bestreuen und mit den Schweinemedaillons auf dem Grill garen.
7. Während der Garzeit die Schweinemedaillons öfter mit der Marinade bestreichen.
8. Nach Ende der Garzeit die Medaillons anrichten, die Käse-Bananen oben auflegen mit Kräuterzweigen ausgarnieren, anrichten und servieren.

GEFÜLLTE WÜRSTEL

FÜR 4 PERSONEN:
8-12 Wiener Würstchen
3 EL süßen Senf
3 EL Tomaten-Ketchup
1 TL Majoran
1 TL Thymian
1 Knoblauchzehe
1 TL Salz
4 dünne Scheiben gekochten Schinken
4 dünne Scheiben Emmentaler
12-16 dünne Scheiben durchwachsenen geräucherten Speck

AUSSERDEM:
2-3 EL Olivenöl

1. Die Wiener Würstchen der Länge nach halbieren und auf eine Arbeitsfläche legen.
2. Den Senf mit dem Tomaten-Ketchup, dem Majoran, dem Thymian und der mit Salz zerriebenen Knoblauchzehe verrühren und die Innenseiten der Würstchen damit bestreichen.
3. Die Schinken- und Emmentalerscheiben halbieren bzw. in drei Teile schneiden.
4. Jedes Würstchen mit einer Schinken- und Emmentalerscheibe belegen und anschließend die Würstchen wieder zusammenklappen.
5. Die Wiener mit Speckscheiben umwickeln und je nach Bedarf mit Zahnstochern zusammenstecken.
6. Die Würstchen mit Olivenöl einstreichen und anschließend auf dem Grill garen.
7. Die fertigen Würstchen anrichten, ausgarnieren und servieren.

WÜRSTELSPIESSE

FÜR 4 PERSONEN:
12-16 kleine Rostbratwürstchen
2 Zwiebeln
1 rote Paprikaschote
1 grüne Paprikaschote
Salz, Pfeffer aus der Mühle
1/2 Tasse Olivenöl
1 EL Majoran

1. Die Rostbratwürstchen bereitstellen.
2. Die Zwiebeln schälen und in mundgerechte Stücke zerteilen.
3. Die Paprikaschoten halbieren, entkernen, waschen, gut abtropfen lassen und in mundgerechte Stücke schneiden.
4. Je nach Geschmack die Zwiebeln und Paprikastückchen in Salzwasser oder Gemü-sebrühe bißfest garen, herausnehmen und gut abtropfen lassen.
5. Das Gemüse abwechselnd mit den Rostbratwürstchen auf Spieße stecken.
6. Diese mit Salz und Pfeffer würzen, das Olivenöl mit Majoran anrühren und die Spieße damit einstreichen.
7. Die Würstelspieße auf dem Grill garen und während der Garzeit öfter mit dem Gewürzöl bestreichen.
8. Die Würstelspieße anrichten, ausgarnieren und servieren.

BRATWURSTSPIESSE

FÜR 4 PERSONEN:
4 weiße Bratwürste
12 dünne Scheiben durchwachsenen geräucherten Speck

AUSSERDEM:
1/2 Tasse Olivenöl
2-3 EL mittelscharfen Senf
2-3 EL geriebenen Meerrettich
2-3 EL geriebene Zitronenschale
1/2 Bund Pfefferminze
1/2 Bund Schnittlauch

1. Die Bratwürste mit den Speckscheiben umwickeln und die Würste in 2-3 cm dicke Scheiben schneiden.
2. Die Scheiben mit den Schnittflächen nach oben auf Spieße stecken.
3. Das Olivenöl mit dem Senf und dem Meerrettich sowie der Zitronenschale verrühren.
4. Die verlesenen, gewaschenen und feingehackten bzw. -geschnittenen Kräuter untermischen.
5. Die Bratwurstspieße mit der Marinade bestreichen, kurz ziehen lassen und anschließend auf dem Grill garen.
6. Während der Garzeit öfter mit der Marinade bestreichen und nach Ende der Garzeit anrichten.
7. Die restliche Marinade gleichmäßig darauf verteilen, ausgarnieren und servieren.

HÄHNCHENBRÜSTE MIT TACOS

FÜR 4 PERSONEN:

4 Hähnchenbrustfilets
Salz, Pfeffer aus der Mühle
1/2 Tasse Orangensaft
2 EL geriebene Orangenschale
1/2 Tasse Olivenöl
1 TL geschroteten Zitronenpfeffer
1 TL geschrotete rote Pfefferkörner

AUSSERDEM:

2 Zwiebeln, 2 Tomaten
1 Fl. Mexik. Grill-Sauce (250 ml)
1 Avocado, Saft von 1 Zitrone
8 Tacos (fertige Maisfladen) ▼

1. Die Hähnchenbrust waschen, trockentupfen, mit Salz und Pfeffer würzen, in eine flache Form legen.
2. Den Orangensaft mit der Schale, dem Öl, dem Zitronenpfeffer und dem roten Pfeffer vermischen, in einem Topf einmal aufkochen lassen und über die Filets gießen.
3. Das Ganze im Kühlschrank mindestens 2 Stunden ziehen lassen.
4. Die Zwiebeln in Scheiben schneiden. Die Tomaten waschen, den Strunk ausschneiden und achteln.
5. Die Mexikanische Grill-Sauce in eine Schüssel geben, die Avocado schälen, halbieren, den Kern auslösen, das Fruchtfleisch würfeln, sofort mit Zitronensaft beträufeln und unter die Grillsauce rühren.
6. Die Filets auf dem Grill garen, dabei öfter bestreichen.
7. Die Tacos nach Packungsanweisung auf dem Grill garen.
8. Die Filets vom Feuer nehmen, in Streifen schneiden, mit den Zwiebeln, den Tomaten und der Grillsauce vermischen, die Tacos damit füllen und servieren.

HÜFTSTEAKS DIABOLO

FÜR 4 PERSONEN:

4 Hüftsteaks à 250 g
Salz, Pfeffer aus der Mühle
2-3 EL Olivenöl
2 Knoblauchzehen, 1 TL Salz

AUSSERDEM:

1-2 EL Butter oder Margarine
50 g durchwachsenen geräucherten Speck
1 Zwiebel, 1 Karotte
1 Dose Kidneybohnen
2 EL Tomatenmark
1 Chilischote
1/4 l gebundene Bratensauce
1 Becher Crème fraîche
je 1-2 EL Obstessig und Honig
1/2 Bund Schnittlauch ▼

1. Die Hüftsteaks waschen, trockentupfen, mit Salz und Pfeffer würzen.
2. Das Öl mit den mit Salz zerriebenen Knoblauchzehen verrühren, die Hüftsteaks damit einstreichen, auf dem Grill medium oder durch garen.
3. Das Fett erhitzen, den fein gewürfelten Speck darin auslassen.
4. Die Zwiebel und die Karotte wüfeln, mit dem Speck glasig schwitzen.
5. Die Kidneybohnen mit dem Tomatenmark und der fein gehackten Chilischote zum Speck-Gemüse geben und kurz mitschwitzen.
6. Die Bratensauce auffüllen, die Crème fraîche untermischen und zum Kochen bringen.
7. Mit Obstessig, Honig, Salz und Pfeffer kräftig abschmecken.
8. Die Kidneybohnen kurz einreduzieren lassen, mit dem feingeschnittenen Schnittlauch verfeinern, mit den Hüftsteaks anrichten, ausgarnieren und servieren.

RINDER-FLANKENSTEAKS

FÜR 4 PERSONEN:

1,6 kg Flankensteaks (Bauchlappen vom Ochsen)
Salz, Pfeffer aus der Mühle
3 Knoblauchzehen
1 TL Salz
1 Stück Ingwerwurzel
1/4 l Sojasauce
1 Tasse Sesamöl
1 Tasse Sherry
1/2 Tasse Honig ▼

1. Die küchenfertigen Flankensteaks unter fließendem Wasser abwaschen, trockentupfen, mit Salz und Pfeffer kräftig würzen.
2. Die Knoblauchzehen schälen, fein hacken, mit Salz zu einer Paste zerreiben.
3. Die Ingwerwurzel fein reiben.
4. Die Knoblauchpaste, die Ingwerwurzel, die Sojasauce, das Sesamöl, den Sherry und den Honig in einen Topf geben und zum Kochen bringen.
5. Die Flankensteaks in eine flache Form geben und mit der noch warmen Marinade überziehen.
6. Das Gefäß verschließen und das Ganze im Kühlschrank mindestens 24 Stunden marinieren lassen.
7. Die Flankensteaks aus der Marinade nehmen, abtropfen lassen und auf dem Grill garen.
8. Während der Garzeit öfter mit der Marinade bestreichen, die fertigen Rinderflankensteaks anrichten, ausgarnieren und servieren.

PFEFFER-SPARERIBS

FÜR 4 PERSONEN:

2 kg Spareribs (Schälrippchen)
Salz, Pfeffer aus der Mühle
1 EL schwarze Pfefferkörner
1 EL rote Pfefferkörner
4 EL Olivenöl

AUSSERDEM:

1-2 EL Butterschmalz
2 Zwiebeln, 3-4 Knoblauchzehen
1 EL Salz
1 Flasche Mexikanische Grill-Sauce
4 EL Worcestersauce
je 3-4 EL Obstessig, mittelscharfen Senf und Zucker, 4 cl Weinbrand
1 EL Basilikum
1 EL Oregano

1. Die Spareribs waschen, trockentupfen, mit Salz, Pfeffer würzen.
2. Die Pfefferkörner in einen Mörser geben und grob zerreiben.
3. Die Schälrippchen mit dem Pfeffer kräftig einreiben, mit Öl bestreichen und auf dem Grill garen.
4. Das Butterschmalz in einer Grillpfanne erhitzen und die geschälten und feingehackten Zwiebeln darin glasig schwitzen.
5. Die Knoblauchzehen schälen, fein hacken, mit Salz zu einer Paste zerreiben, zu den Zwiebeln geben und kurz mitschwitzen.
6. Die Grillsauce angießen, mit Worcestersauce, Obstessig, mittelscharfem Senf, Zucker und Weinbrand aromatisieren.
7. Das Basilikum und den Oregano untermischen und mit Salz und Pfeffer würzen.
8. Die Sauce kräftig einreduzieren lassen und vom Feuer nehmen.
9. Kurz vor Garende die Schälrippchen mit der Sauce überziehen, kurz glacieren lassen, anrichten, mit der restlichen Sauce überziehen, ausgarnieren und servieren.

FISCH VOM TISCH

FÜR 4 PERSONEN:
4 Seezungenfilets
4 Scheiben Lachsfilets
4 Scheiben Heilbuttfilets
400 g Hummerkrabbenschwänze
Saft von 2 Zitronen
1/2 Tasse Obstessig
einige Tropfen Worcestersauce

AUSSERDEM:
4 Portionen gemischten Salat
2 Becher Joghurt, 1 Schuß Sahne
1 Zwiebel, Saft von 1 Zitrone
2-3 EL Obstessig
1 Schuß Weißwein
Salz, Pfeffer aus der Mühle
1 Prise Zucker
1 Schale Dillcreme
1 Schale Sardellensauce
4 Portionen Pellkartoffeln ▼

1. Die Fischfilets mit den Hummerkrabbenschwänzen waschen, trockentupfen und anrichten.
2. Mit Zitronensaft, Obstessig und Worcestersauce beträufeln und 10-15 Minuten ziehen lassen.
3. Den gemischten Salat waschen, abtropfen lassen und anrichten.
4. Den Joghurt mit der Sahne und der geriebenen Zwiebel, dem Zitronensaft, dem Essig und dem Wein glattrühren.
5. Mit Salz, Pfeffer, Zucker würzen.
6. Die Filets, die Hummerkrabbenschwänze, den Salat, die Salatsauce, die Dillcreme, die Sardellensauce und die Pellkartoffeln anrichten.
7. Etwas Fett auf dem Tischgrill erhitzen und die Fischfilets und die Hummerkrabben-schwänze garen.
8. Die Dillcreme, Sardellensauce, gemischten Salat mit der Joghurtsauce und die Pellkartoffeln dazugeben.

GEMÜSEZANDER IN DER FOLIE

FÜR 4 PERSONEN:
4 Zanderfilets à 200 g
Saft von 1 Zitrone
einige Tropfen Worcestersauce
Salz, Pfeffer aus der Mühle
4 Stück Alufolie
1-2 EL Butter oder Margarine
1 Zwiebel
2 Karotten
1 Stück Sellerie
1 Stück Lauch
100 g Sojabohnenkeimlinge
1 Schuß Weißwein
100 g Kräuterbutter
1/2 Bund Dill ▼

1. Die Zanderfilets waschen, trok-ken-tupfen, mit Zitronensaft und Worcestersauce beträufeln, mit Salz und Pfeffer würzen und im Kühlschrank 10 Minuten ziehen lassen.
2. Vier entsprechend große Stücke Alufolie auf eine Arbeitsfläche legen und mit dem Fett bestreichen.
3. Die Zanderfilets darauf legen. Die Zwiebel, die Karotten, den Sellerie und den Lauch putzen und in hauchdünne Streifen schneiden.
4. Die Sojabohnenkeimlinge verlesen, waschen, abtropfen lassen, mit dem Gemüse vermischen und gleichmäßig auf den Zanderfilets verteilen.
5. Mit Wein beträufeln, mit Salz, Pfeffer, Zitronensaft und Worcestersauce nochmals würzen und mit Kräuterbutterflöckchen belegen.
6. Den Dill verlesen, waschen, gut abtropfen lassen, kleinschneiden und auf das Gemüse streuen.
7. Die Alufolie verschließen und die Pakete auf dem Grill garen. Vom Feuer nehmen, aufreißen, ausgarnieren und servieren.

LACHSFORELLE IN FENCHEL

FÜR 4 PERSONEN:
4 Lachsforellenfilets à 250 g
Saft von 1 Zitrone
einige Tropfen Worcestersauce
1 Tasse Weißwein
Salz, Pfeffer aus der Mühle
4 entsprechende Stücke Alufolie
2 EL Butter oder Margarine
2 Fenchelknollen, 1 kleine Zwiebel
1 Glas Sahne-Meerrettich ▼

1. Die Lachsforellenfilets unter fließendem Wasser abwaschen, trockentupfen, mit Zitronensaft, Worcestersauce und einigen Tropfen Weißwein beträufeln.
2. Die Lachsforellen im Kühlschrank 10-15 Minuten ziehen lassen.
3. Die Lachsforellen herausnehmen, mit Salz und Pfeffer würzen.
4. Die Alufolie auf einer Arbeitsfläche auslegen, mit Butter oder Margarine bestreichen und je ein Forellenfilet darauf legen.
5. Die Fenchelknollen und die Zwiebel putzen und beides in hauchdünne Streifen schneiden.
6. Das Gemüse gleichmäßig auf den Forellenfilets verteilen und mit dem restlichen Weißwein beträufeln.
7. Die Alufolie verschließen und das Ganze auf dem Grill 10-15 Minuten garziehen lassen.
8. Die Folie aufreißen, mit einigen Löffeln Sahne-Meerrettich belegen, ausgarnieren und servieren.

GLACIERTE FLEISCHWURST

FÜR 4 PERSONEN:
1 Ring Lyoner oder andere Fleischwurst
100 g durchwachsenen geräucherten Speck in dünnen Scheiben
1/2 Tasse süßen Senf
1/2 Tasse Tomaten-Ketchup
4 EL Johannisbeergelee
4 EL Obstessig
1 EL Curry
1 EL Paprikapulver
Salz, Pfeffer aus der Mühle
1 Prise Cayennepfeffer
1 Bund Schnittlauch ▼

1. Die Fleischwurst enthäuten und der Länge nach halbieren.
2. Die Speckscheiben bereitlegen.
3. Den Senf mit dem Tomaten-Ketchup, dem Johannisbeergelee und dem Obstessig in eine Schüssel geben und glattrühren.
4. Mit Curry, Paprikapulver, Salz, Pfeffer und Cayennepfeffer kräftig würzen und den verlesenen, gewaschenen und feingeschnittenen Schnittlauch untermischen.
5. Die Fleischwursthälften mit der Glasur bestreichen, zusammensetzen, mit den Speckscheiben umwickeln.
6. Je nach Bedarf die Speckscheiben mit Zahnstochern an der Wurst feststecken.
7. Die Fleischwurst auf dem Grill garen und während der Garzeit öfter mit der Glasur bestreichen.
8. Die fertige Fleischwurst anrichten, ausgarnieren und servieren.

FLEISCHKÄSE MIT ZWIEBELN

FÜR 4 PERSONEN:
4 Scheiben Fleischkäse à 200 g
2 EL Olivenöl

AUSSERDEM:
1-2 EL Butter oder Margarine
4 Zwiebeln
3/8 l gebundene Bratensauce
4 cl Kirschlikör
1 TL Majoran
1 TL Thymian
Salz, Pfeffer aus der Mühle
1 Prise Cayennepfeffer
1 Bund Schnittlauch
1 Bund Petersilie ▼

1. Den Fleischkäse mit Olivenöl bestreichen und auf dem Grill garen.
2. Die Butter oder Margarine in einem Grillpfännchen erhitzen und die geschälten und in Scheiben geschnittenen Zwiebeln darin glasig schwitzen.
3. Die Bratensauce angießen und das Ganze zum Kochen bringen.
4. Mit Kirschlikör, Majoran und Thymian aromatisieren, mit Salz, Pfeffer und Cayennepfeffer kräftig würzen.
5. Die verlesenen, gewaschenen und feingehackten bzw. -geschnittenen Kräuter unter die Sauce mischen und nochmals abschmecken.
6. Den Fleischkäse anrichten, mit der Zwiebelsauce überziehen, ausgarnieren und servieren.

BRATWÜRSTEL MIT PAPRIKAGEMÜSE

FÜR 4 PERSONEN:
4 rote Bratwürste
1-2 EL Olivenöl

AUSSERDEM:
1-2 EL Butter oder Margarine
2 Zwiebeln
1 rote Paprikaschote
1 gelbe Paprikaschote
1 grüne Paprikaschote
4 Tomaten
2 Knoblauchzehen
1 TL Salz
1 Schuß Weißwein
1 TL Oregano
1 TL Basilikum
Salz, Pfeffer aus der Mühle
1 Prise Cayennepfeffer
1 Prise Zucker
1 Bund Schnittlauch
1 Bund Petersilie ▼

1. Die Bratwürste mit Öl bestreichen und auf dem Grill garen.
2. Die Butter oder Margarine in ein Grillpfännchen geben und erhitzen.
3. Die feingehackten Zwiebeln darin glasig schwitzen.
4. Die Paprikaschoten halbieren, entkernen, in feine Streifen schneiden, zu den Zwiebeln geben und kurz mitschwitzen.
5. Die Tomaten enthäuten, entkernen, würfeln und unter das Gemüse heben.
6. Die Knoblauchzehen schälen, mit Salz zu einer Paste zerreiben, zum Gemüse geben, kurz mitschwitzen.
7. Mit Weißwein angießen, mit Oregano, Basilikum, Salz, Pfeffer, Cayennepfeffer und Zucker würzen und bei mäßiger Hitze 8-10 Minuten köcheln lassen.

SCHNELLE SCHINKENSTEAKS

FÜR 4 PERSONEN:

4 Scheiben gek. Schinken à 200 g
2 EL Olivenöl
2 säuerliche Äpfel
Saft von 1/2 Zitrone
1-2 EL Butter oder Margarine
2 Knoblauchzehen
2 Ingwernüsse in Sirup
1-2 EL Ingwersirup
1/2 Tasse Sojasauce
1/4 l Orangensaft
Salz, Pfeffer aus der Mühle
1 Prise Ingwerpulver
1 Prise Cayennepfeffer
1 Schuß Weißwein
1 EL Speisestärke ▲

1. Die Schinkensteaks mit Olivenöl bestreichen, auf dem Grill garen.
2. Die Äpfel schälen, entkernen, in Scheiben schneiden, mit Zitronensaft beträufeln, ebenfalls mit Öl bestreichen und auf dem Grill garen.
3. Die Butter oder Margarine in einem Pfännchen erhitzen und die geschälten und feingehackten Knoblauchzehen darin glasig schwitzen.
4. Die Ingwernüsse in feine Würfel schneiden, in die Knoblauchbutter geben und kurz anschwitzen. Mit Ingwersirup, Sojasauce und dem Orangensaft auffüllen.
5. Das Ganze zum Kochen bringen, mit Salz, Pfeffer, Ingwerpulver und Cayennepfeffer kräftig würzen.
6. Den Weißwein mit der Speisestärke anrühren und die Sauce damit leicht binden.
7. Die Schinkensteaks mit den Apfelscheiben anrichten, mit der Ingwersauce überziehen, ausgarnieren und servieren.

RUMPSTEAKS MIT SARDELLENKRUSTE

FÜR 4 PERSONEN:
4 Rumpsteaks à 200 g
2-3 EL Olivenöl
Salz, Pfeffer aus der Mühle

AUSSERDEM:
8-10 Sardellenfilets
2-3 EL mittelscharfen Senf
1 EL schwarze Pfefferkörner
1 EL rote Pfefferkörner
1 Bund Petersilie ▼

1. Die küchenfertigen Rumpsteaks unter fließendem Wasser abwaschen, trockentupfen und mit Olivenöl bestreichen.
2. Die Rumpsteaks mit Salz und Pfeffer würzen und bereitstellen.
3. Die Sardellenfilets gut abtropfen lassen und fein hacken. Mit dem Senf und den geschroteten Pfefferkörnern vermischen und die Rumpsteaks damit bestreichen.
4. Die Rumpsteaks zugedeckt im Kühlschrank mindestens 2-3 Stunden ziehen lassen.
5. Den Grillrost mit etwas Olivenöl bestreichen und die Rumpsteaks darauf je nach Geschmack medium oder durch garen. Während der Garzeit öfter mit der restlichen Marinade bestreichen.
6. Die verlesene, gewaschene und feingehackte Petersilie bereitstellen.
7. Die fertigen Rumpsteaks anrichten, mit der restlichen Marinade nochmals kräftig einstreichen, mit den gehackten Kräutern bestreuen, ausgarnieren und servieren.

RUMPSTEAKS MIT PFEFFER

FÜR 4 PERSONEN:
4 Rumpsteaks à 200 g
2-3 EL Olivenöl
Salz, Pfeffer aus der Mühle
1 EL schwarze Pfefferkörner
1 EL grüne Pfefferkörner
1 EL rote Pfefferkörner
3-4 EL mittelscharfen Senf
4 cl Weinbrand

AUSSERDEM:
1-2 EL Butterschmalz
1 Zwiebel, 2 EL grüne Pfefferkörner
1 Schuß Weißwein
1/4 l gebundene Bratensauce
1 Becher Sahne, 1 Bund Schnittlauch
4 cl Weinbrand, 1 Prise Zucker ▼

1. Die Rumpsteaks waschen, trockentupfen, mit Olivenöl einstreichen und mit Salz und Pfeffer würzen.
2. Die Pfefferkörner grob schroten, mit dem Senf und dem Weinbrand vermischen, die Steaks einstreichen.
3. Die Rumpsteaks in eine Schüssel geben und im Kühlschrank mindestens 2 Stunden ziehen lassen.
4. Für die Zubereitung das Schmalz in einer Pfanne erhitzen und die feingehackte Zwiebel darin glasig schwitzen.
5. Die Pfefferkörner dazugeben, mit Weißwein ablöschen, mit der Bratensauce und der Sahne auffüllen.
6. Die Steaks garen und öfter mit der Pfeffermischung bestreichen.
7. Die Sauce mit dem geschnittenen Schnittlauch vermischen und mit Weinbrand aromatisieren.
8. Mit Salz, Pfeffer, Zucker würzen.
9. Die Steaks mit der Marinade bestreichen, anrichten, mit der Sauce überziehen, ausgarnieren und servieren.

ZWIEBELSTEAKS

FÜR 4 PERSONEN:
4 Schweinenackensteaks à 200 g
2 Knoblauchzehen, 1 TL Salz
1 EL Majoran, 4 EL Olivenöl

AUSSERDEM:
2 EL Butterschmalz
4 Zwiebeln, 1 Schuß Rotwein
3/8 l gebundene Bratensauce
1 EL grüne Pfefferkörner
1 EL Majoran
1/2 Becher saure Sahne
1-2 EL Preiselbeeren
1 Prise Cayennepfeffer
1 Prise Zucker
Salz, Pfeffer aus der Mühle
1 Bund Schnittlauch ▼

1. Die Steaks waschen, trockentupfen und in eine flache Form legen.
2. Die Knoblauchzehen hacken, mit Salz zu einer Paste zerreiben, mit dem Majoran und dem Öl vermischen und die Steaks damit einstreichen.
3. Die Nackensteaks zugedeckt 2-3 Stunden ziehen lassen.
4. Das Schmalz in einer Pfanne erhitzen und die fein geschnittenen Zwiebeln darin glasig schwitzen.
5. Mit Rotwein ablöschen und mit der Bratensauce auffüllen.
6. Die Pfefferkörner, den Majoran, die saure Sahne und die Preiselbeeren dazugeben und kochen.
7. Die Sauce mit Cayennepfeffer, Zucker, Salz und Pfeffer kräftig abschmecken und den feingeschnittenen Schnittlauch untermischen.
8. Die Schweinenackensteaks auf dem Grill garen und während der Garzeit öfter mit der restlichen Marinade bestreichen.
9. Die Nackensteaks anrichten, mit der Zwiebelsauce überziehen, ausgarnieren und servieren.

HÄHNCHENSCHLEMMEREI MIT GEMÜSE

FÜR 4 PERSONEN:
8-12 Hähnchenschnitzelchen à 60 g
Salz, Pfeffer aus der Mühle
1/2 Tasse Mehl, 2 Eier
1 Tasse Semmelbrösel
1 Tasse gehackte Haselnüsse
4-5 EL Butterschmalz

AUSSERDEM:
400 g Broccoliröschen
Gemüsebrühe, 4 Tomaten
1 Dose Kidney-Bohnen
1 Dose Zuckermais
4 Scheiben Ananas
1 Tasse Kaiserkirschen
100 g geräucherten Speck
1 rote und 1 grüne Paprikaschote
1/4 l gebundene Bratensauce
1/4 l Sauce Hollandaise
4 Portionen Pellkartoffeln ▼

1. Die Hähnchenschnitzel waschen, trockentupfen, mit Salz und Pfeffer würzen, in Mehl wenden, durch die verschlagenen Eier ziehen.
2. Die Semmelbrösel und die Haselnüsse vermischen, die Schnitzel damit panieren, anrichten und das Schmalz dazu reichen.
3. Die Broccoliröschen in Brühe bißfest garen. Die Tomaten würfeln.
4. Mit den Kidney-Bohnen, dem Mais, den gewürfelten Ananas und den Kirschen anrichten.
5. Den Speck würfeln und die Paprikaschoten in Streifen schneiden.
6. Alle Zutaten anrichten, die Saucen und die Pellkartoffeln dazu reichen.
7. Die Schnitzelchen garen und die restlichen Zutaten in den Pfännchen erhitzen, abschmecken und zu den Schnitzelchen geben.

TEXASSTEAKS

FÜR 4 PERSONEN:
8-12 kleine Schweinerückensteaks à 75 g
Salz, Pfeffer aus der Mühle
1 Tasse Olivenöl
2 Knoblauchzehen, 1 TL Salz
2 EL grüne Pfefferkörner
1 kleine Peperoni

AUSSERDEM:
100 g durchwachsenen geräucherten Speck
2 Zwiebeln
1 große Dose Kidney-Bohnen
1 große Dose geschälte Tomaten
1/2 Flasche Chilisauce
1/2 l gebundene Bratensauce
Salz, Pfeffer aus der Mühle
Paprikapulver, Curry, Chilipulver
verschiedene Pfeffersorten
Gewürze nach Geschmack
Stangenweißbrot ▼

1. Die Steaks waschen, trockentupfen, mit Salz und Pfeffer würzen und anrichten.
2. Das Öl mit den mit Salz zerriebenen Knoblauchzehen, dem Pfeffer und der gehackten Peperoni vermischen, die Steaks damit einstreichen.
3. Speck und Zwiebeln würfeln.
4. Die Kidney-Bohnen mit den geschälten Tomaten, dem Speck und den Zwiebeln anrichten.
5. Die Chili- und die Bratensauce in Schälchen geben, mit den restlichen Zutaten und den Gewürzen sowie dem Weißbrot dekorativ anrichten.
6. Die Schweinerückensteaks auf dem Tischgrill garen und die übrigen Zutaten in den Pfännchen nach Geschmack erhitzen, abschmecken, über die Schweinerückensteaks geben und servieren.

PFANNENFILETS

FÜR 4 PERSONEN:
500 g Rinderfilet
2 EL Butterschmalz
2 cl Weinbrand
Salz, Pfeffer aus der Mühle

AUSSERDEM:
1 Zwiebel, 2 Frühlingszwiebeln
2 Essiggurken
100 g frische Champignons
Saft von 1 Zitrone
100 g Rote Bete
1/4 l gebundene Bratensauce
1 Becher saure Sahne
1 Prise gemahlenen Kümmel
1 Prise Cayennepfeffer
1 Bund Schnittlauch ▼

1. Das Filet waschen, trockentupfen, in kleine Würfel schneiden.
2. Das Schmalz in einer Pfanne erhitzen und das Filet darin anbraten.
3. Mit Weinbrand flambieren, würzen, vom Feuer nehmen.
4. Die Zwiebel hacken, im verbliebenen Fett glasig schwitzen.
5. Die Frühlingszwiebeln putzen, würfeln, mit der Zwiebel mitschwitzen.
6. Die Essiggurken würfeln, die Champignons schneiden, mit Zitronensaft beträufeln, zu den Zwiebeln geben, kurz dünsten und anschließend die gut abgetropfte und in Streifen geschnittene Rote Bete untermischen.
7. Die Bratensauce und die saure Sahne angießen, aufkochen lassen.
8. Mit Salz, Pfeffer, Kümmel und Cayennepfeffer kräftig würzen.
9. Das Filet in die Sauce geben, erhitzen, aber nicht mehr kochen lassen.
10. Abschmecken, das Pfannenfilet anrichten, mit dem feingeschnittenen Schnittlauch bestreuen, mit einem Spargel-Tofu-Salat servieren.

WAIDMANNS LIEBLINGSGERICHT

FÜR 4 PERSONEN:

800 g Hasenfilet
je 400 g Rehrückenfilet, Wildschweinrückenfilet und Rehleber
100 g Butterschmalz, Salz, Pfeffer
Kräuter der Provence
Weinbrand zum Aromatisieren
2 Zwiebeln
1 rote und 1 grüne Paprikaschote
250 g Mischpilze
1/2 l gebundene Wildsauce
1 Becher Crème fraîche
1 Schale Weinbrandpreiselbeeren
je 4 Portionen Speckrosenkohl, Broccoliröschen und Kartoffelgratin

1. Die Filets und die Rehleber waschen, abtropfen lassen und in Scheiben oder Würfel schneiden, anrichten und mit dem Schmalz, Salz, Pfeffer, Kräutern und dem Weinbrand anrichten.
3. Die Zwiebeln und die Paprikaschoten kleinschneiden.
4. Die Pilze mit der Wildsauce, der Crème fraîche, den Preiselbeeren, dem Fleisch und den restlichen Gemüsesorten anrichten.
5. Den Rosenkohl, die Broccoliröschen und das Kartoffelgratin warm halten.
6. Das Fleisch mit Schmalz garen, würzen und mit Weinbrand aromatisieren.
7. Die restlichen Zutaten in den Schälchen erhitzen, mit Wildsauce und Crème fraîche auffüllen, abschmecken, über die Filets geben. Dazu die Preiselbeeren, den Rosenkohl, die Broccoliröschen und das Kartoffelgratin reichen.

DEFTIGE HOLZFÄLLERSTEAKS

FÜR 4 PERSONEN:

4 Schweinenacken- oder Schweinerückensteaks à 250 g
1 Tasse Sonnenblumenöl
2 Knoblauchzehen, 1 TL Salz
1 kleine Zwiebel
1 EL Majoran
1 TL Thymian
2 EL geriebene Zitronenschale
1 TL Kümmel

AUSSERDEM:

Zwiebel-Knoblauch-Sauce
Senfsauce
Grüne Pfeffersauce
Meerrettich-Apfel-Sauce
dazu gemischte Salate
und würziges Brot

1. Die Steaks waschen, trockentupfen und in eine Schüssel geben.
2. Das Sonnenblumenöl mit den geschälten und mit Salz zerriebenen Knoblauchzehen vermischen.
3. Die Zwiebel schälen, fein hacken, mit dem Majoran, dem Thymian, der Zitronenschale und dem gehackten Kümmel unter das Öl rühren.
4. Das Knoblauchöl gleichmäßig auf die Steaks verteilen und diese mindestens 2 Stunden ziehen lassen.
5. Die Schweinenackensteaks auf dem Grill garen und während der Garzeit öfter mit der Marinade bestreichen.
6. Die fertigen Holzfällersteaks anrichten, mit der Zwiebel-Knoblauch-Sauce, der Senfsauce, der Grünen Pfeffersauce, der Meerrettich-Apfel-Sauce und den anderen Beilagen anrichten, ausgarnieren und servieren.

ZWIEBEL-KNOBLAUCH-SAUCE

FÜR 4 PERSONEN:

1 Becher Sahne-Dickmilch
1 große Zwiebel
2 Knoblauchzehen
1 TL Salz
2 Frühlingszwiebeln
Saft von 1 Zitrone
Salz, roten Pfeffer aus der Mühle
1 TL Tsatsiki-Gewürz
1 Prise Zucker

1. Die Dickmilch glattrühren.
2. Die Zwiebel hacken oder reiben.
3. Die Knoblauchzehen schälen und mit Salz zu einer Paste zerreiben.
4. Die Frühlingszwiebeln putzen und in feine schneiden, mit den Zwiebeln, der Knoblauchpaste und dem Zitronensaft unter die Dickmilch rühren.
6. Die Zwiebel-Knoblauch-Sauce mit Salz, Pfeffer, Tsatsiki-Gewürz und Zucker kräftig abschmecken, anrichten und zu den Holzfällersteaks servieren.

SENFSAUCE

FÜR 4 PERSONEN:

1 Becher Sahne-Dickmilch
2-3 EL mittelscharfen Senf
Saft von 1/2 Zitrone
1 kleine Zwiebel
1 Knoblauchzehe
1 TL Salz
Salz, Pfeffer aus der Mühle
1 Prise Cayennepfeffer
1 Prise Zucker

1. Die Dickmilch mit dem Senf und dem Zitronensaft glattrühren.
2. Die Zwiebel schälen und fein reiben, mit der geschälten und mit Salz zerriebenen Knoblauchzehe unter die Sauce rühren.
3. Die Senfsauce abschmecken, anrichten, ausgarnieren und zu den Holzfällersteaks servieren.

GRÜNE PFEFFERSAUCE

FÜR 4 PERSONEN:

1 Becher Doppelrahm-Frischkäse
1 Becher Dickmilch
Saft von 1/2 Zitrone
2-3 EL grüne Pfefferkörner
2 cl Weinbrand
Salz, Pfeffer aus der Mühle
1 Prise Cayennepfeffer
1 Prise Zucker
1/2 Bund Liebstöckel

1. Den Doppelrahm-Frischkäse mit einer Gabel zerdrücken.
2. Die Dickmilch und den Zitronensaft dazugeben und das Ganze mit dem Schneebesen glattrühren.
3. Die Pfefferkörner und den Weinbrand untermischen, mit Salz, Pfeffer, Cayennepfeffer und Zucker kräftig würzen.
4. Den Liebstöckel verlesen, waschen, fein schneiden oder hacken, unter die grüne Pfeffersauce rühren, die Sauce anrichten, ausgarnieren und zu den Holzfällersteaks servieren.

SCHINKEN-KÄSE-RÖLLCHEN

FÜR 4 PERSONEN:

12 Schweineschnitzelchen à 60 g
3 Scheiben gekochten Schinken
3 Scheiben Emmentaler
4 EL süßen Senf
4 EL Tomaten-Ketchup
1 Bund Schnittlauch
Salz, Pfeffer aus der Mühle
1 Prise Cayennepfeffer
2 Zwiebeln
1 rote Paprikaschote
1 grüne Paprikaschote
Olivenöl zum Bestreichen ▼

1. Die Schnitzel waschen, trockentupfen und auslegen.
2. Die Schinkenscheiben und die Emmentalerscheiben in vier Stücke zerteilen und jeweils eine Scheibe Schinken und Emmentaler auf die Schnitzelchen legen.
3. Den Senf mit dem Tomaten-Ketchup und dem feingeschnittenen Schnittlauch verrühren, mit Salz, Pfeffer und Cayennepfeffer würzen.
4. Die Schnitzelchen mit der Gewürzmischung bestreichen und anschließend zusammenrollen, mit Zahnstochern feststecken.
5. Die Zwiebeln in mundgerechte Stücke schneiden. Die Paprikaschoten halbieren, entkernen, waschen, gut abtropfen lassen und ebenfalls in Stücke schneiden.
6. Zwiebel und Paprikastückchen in Salzwasser oder Gemüsebrühe bißfest garen, herausnehmen, abtropfen lassen und mit je drei Käseröllchen auf Spieße stecken.
7. Die Spieße mit Olivenöl bestreichen und anschließend auf dem Grill garen.
8. Die Spieße anrichten, ausgarnieren und servieren.

HÄHNCHENBRUST-FILETS VOM SPIESS

FÜR 4 PERSONEN:

4 Hähnchenbrustfilets
Salz, Pfeffer aus der Mühle
40 g Edelpilzkäse
einige Basilikumblättchen
einige Oreganoblättchen
4 dünne Scheiben Parmaschinken
1 TL Kräuter der Provence

AUSSERDEM:

1-2 EL Butter oder Margarine
2 Knoblauchzehen, 1 TL Salz
4 Frühlingszwiebeln
1 kleine Dose Mandarinenfilets
1 Schuß Weißwein
1 kleine Dose geschälte Tomaten
1 Prise Speisewürze ▼

1. Die Filets waschen, trockentupfen und eine Tasche einschneiden, mit Salz und Pfeffer kräftig würzen.
2. Den Käse zerbröckeln, mit den Basilikum- und Oreganoblättchen vermischen, die Filets damit füllen.
3. Jedes Hähnchenbrustfilet in eine Scheibe Parmaschinken wickeln und mit Kräutern bestreuen.
4. Mit Butter oder Margarine bestreichen, auf Spieße stecken und auf dem Grill garen.
5. Die restliche Butter / Margarine in einem Pfännchen erhitzen und die geschälten und mit Salz zerriebenen Knoblauchzehen darin anschwitzen.
6. Die Frühlingszwiebeln fein schneiden, ins Fett geben, mitschwitzen.
7. Die Mandarinenfilets untermischen, mit dem Wein ablöschen, mit den geschälten Tomaten auffüllen.
8. Aufkochen lassen, mit Salz, Pfeffer und Speisewürze abrunden.
9. Die Filets anrichten, mit der Sauce überziehen, ausgarnieren, servieren.

SALBEIMEDAILLONS MIT MAISKOLBEN

FÜR 4 PERSONEN:

600 g Schweinefilet
Salz, Pfeffer aus der Mühle
24 frische Salbeiblätter
6 dünne Scheiben Kaiserfleisch
12 dünne Scheiben durchwachsenen geräucherten Speck
24 gefüllte Oliven
4-5 EL Sonnenblumenöl

AUSSERDEM:

4 Maiskolben aus der Dose
2-3 EL Butter oder Margarine
1 Flasche Zigeunersauce
1 Flasche Tomaten-Ketchup ▼

1. Das küchenfertige Schweinefilet unter fließendem Wasser abwaschen, trockentupfen und in 12 ca. 2 cm dicke Scheiben schneiden.
2. Die Filetscheiben auf einer Arbeitsfläche auslegen und etwas flachdrücken.
3. Mit Salz und Pfeffer kräftig würzen und mit je zwei Salbeiblättchen belegen.
4. Das Kaiserfleisch halbieren und über jedes Medaillon eine halbe Scheibe legen.
5. Jedes Medaillon mit einer Scheibe Speck umwickeln und mit den Oliven auf Grillspieße stecken.
6. Mit Sonnenblumenöl bestreichen und auf dem Grill garen.
7. Die Maiskolben ebenfalls auf Spieße stecken und mit Butter oder Margarine bestreichen, auf den Grill legen und garen.
8. Die Salbeimedaillons mit den Maiskolben anrichten, ausgarnieren, mit Zigeunersauce und Tomaten-Ketchup servieren.

GEBEIZTES T-BONE-STEAK

FÜR 4 PERSONEN:
2 T-Bone-Steaks à 600 g
2 Zwiebeln
2 Knoblauchzehen
je 1 TL Salz, Majoran, Thymian, Oregano und Rosmarin
1 Tasse Olivenöl, 1/8 l Rotwein
1/2 Tasse Rotweinessig
1 EL geschroteten bunten Pfeffer
AUSSERDEM:
Olivenöl
4 Portionen Kräuterbutter
1 Flasche Kalifornische Grillsauce ▲

1. Die T-Bone-Steaks unter fließendem Wasser abwaschen, trockentupfen und bereitstellen.
2. Die Zwiebeln und die Knoblauchzehen schälen, die Zwiebeln fein hacken, die Knoblauchzehen mit Salz zu einer Paste zerreiben.
3. Die Zwiebeln mit den Kräutern, dem Öl, dem Rotwein, dem Rotweinessig und dem Pfeffer in einer Schüssel vermischen.
4. Die Hälfte der Marinade gleichmäßig auf den Boden eines Steingutgefäßes verteilen und die T-Bone-Steaks darauflegen.
5. Die restliche Marinade gleichmäßig auf die Steaks verteilen und im Kühlschrank mindestens 24 Stunden marinieren lassen.
6. Den Rost mit Olivenöl bestrei-chen und die gebeizten T-Bone-Steaks auf dem offenen Feuer garen. Während der Garzeit öfter mit der Beize bestreichen.
7. Nach Ende der Garzeit die T-Bone-Steaks anrichten, die Kräuterbutter und die Kalifornische Grillsauce dazugeben, ausgarnieren, mit gemischtem Salat und Folienkartoffeln servieren.

MEDAILLONS MIT TOMATENGEMÜSE

FÜR 4 PERSONEN:

8-12 Schweinemedaillons à 75-90 g
Salz, Pfeffer aus der Mühle
1/2 Tasse Olivenöl
1 EL Kräuter der Provence
2 Knoblauchzehen
1 TL Salz

AUSSERDEM:

1 kg Tomaten
1-2 EL Butterschmalz
2 Zwiebeln
2 Knoblauchzehen
1 TL Salz
1 Bund Oregano
1 Bund Basilikum
1 Becher Sahne-Dickmilch
2 Bananen
1 EL Honig

1. Die Schweinemedaillons unter fließendem Wasser abwaschen, trockentupfen, mit Salz und Pfeffer würzen.
2. Das Olivenöl mit den Kräutern der Provence und den mit Salz zerriebenen Knoblauchzehen vermischen.
3. Die Schweinemedaillons in eine Schüssel geben, das Kräuteröl gleichmäßig darauf verteilen und die Medaillons im Kühlschrank mindestens 1 Stunde ziehen lassen.
4. Für das Gemüse die Tomaten enthäuten, entkernen und in Würfel schneiden.
5. Das Butterschmalz in einer Grillpfanne erhitzen und die geschälten und feingehackten Zwiebeln darin glasig schwitzen.
6. Die Knoblauchzehen schälen, hacken und mit Salz zu einer Paste zerreiben.
7. Die Knoblauchpaste mit den Tomatenwürfeln zu den Zwiebeln geben und kurz mitschwitzen.
8. Die verlesenen, gewaschenen und feingehackten Kräuter mit der Sahne-Dickmilch unter das Tomatengemüse heben, erhitzen.
9. Die Bananen schälen, halbieren, nochmals vierteln, mit Honig bestreichen und auf dem Grill kurz garen.
10. Die Medaillons auf dem Grill garen, das Tomatengemüse nochmals abschmecken, die fertigen Medaillons mit dem Tomatengemüse und den Bananen auf Tellern anrichten, ausgarnieren und servieren.

GESPICKTE KALBSMEDAILLONS

FÜR 4 PERSONEN:

4 küchenfertige Kalbsfilets à 200 g
Salz, Pfeffer aus der Mühle
2 Karotten
1 Stück Sellerie
50 g festen Gouda
4 Scheiben durchwachsenen geräucherten Speck
1 EL Kräuter der Provence
1-2 EL Olivenöl

AUSSERDEM:

1-2 EL Butterschmalz
1 Zwiebel
100 g eingeweichte chinesische Pilze (Mu-err)
1 Schuß Weißwein
1/4 l gebundene Bratensauce
1 Becher Sahne
Salz, Pfeffer aus der Mühle
1 Prise Cayennepfeffer
1 Prise Zucker
1 Bund Estragon

1. Die Kalbsfilets unter fließendem Wasser abwaschen, trockentupfen, mit Salz und Pfeffer kräftig würzen.
2. Die Karotten und den Sellerie putzen, waschen und in Stifte schneiden.
3. Den Gouda ebenfalls in Stifte schneiden und die Filets mit dem Gemüse und dem Käse spicken.
4. Jedes Kalbsfilet mit einer Speckscheibe umwickeln und je nach Bedarf mit einer Küchenschnur binden.
5. Die Kalbsfilets mit den Kräutern der Provence würzen, mit Olivenöl einstreichen und auf dem Grill garen.
6. Das Butterschmalz in einer Grillpfanne erhitzen und die geschälte und feingehackte Zwiebel darin glasig schwitzen.
7. Die eingeweichten Pilze kleinschneiden, zu den Zwiebeln geben und kurz mitschwitzen.
8. Mit Weißwein ablöschen, mit der Bratensauce und der Sahne auffüllen und zur Sauce verkochen.
9. Die Sauce mit Salz, Pfeffer, Cayennepfeffer und Zucker kräftig würzen und den verlesenen, gewaschenen und feingehackten Estragon untermischen.
10. Die gespickten Kalbsfilets anrichten, mit der Sauce überziehen, ausgarnieren und servieren.

LEICHTE GRILL-SCHLEMMEREIEN

FÜR 4 PERSONEN:

8-12 Schweinemedaillons à 75 g
8-12 Lammkoteletts
1 Tasse Olivenöl
2 Knoblauchzehen, 1 TL Salz
1 EL Kräuter der Provence
4 Tomaten
4 Portionen gemischten Salat
1 Becher saure Sahne
1/2 Becher Sahne
3-4 EL Obstessig
Saft von 1 Zitrone
2 EL mittelscharfen Senf
2 EL geriebenen Meerrettich
Salz, Pfeffer aus der Mühle
je 1 Prise Cayennepfeffer und Zucker
1/2 Bund Schnittlauch
1/2 Bund Petersilie

1. Die Schweinemedaillons und die Lammkoteletts unter fließendem Wasser abwaschen, trockentupfen und dekorativ anrichten.
2. Das Olivenöl mit den mit Salz zerrie-benen Knoblauchzehen und den Kräu-tern der Provence vermischen und das Fleisch damit einstreichen.
3. Die Tomaten in Scheiben schneiden und den verlesenen und gewaschenen gemischten Salat dekorativ anrichten.
4. Die saure Sahne mit der Sahne und dem Obstessig sowie dem Zitronensaft, dem Senf und dem Meerrettich in einer Schüssel glattrühren.
5. Die Sauce mit Salz, Pfeffer, Cayennepfeffer und Zucker kräftig abschmecken.
6. Die verlesenen, gewaschenen und feingehackten Kräuter mit dem Fleisch, den Tomaten und dem gemischten Salat anrichten.
7. Die Sauce gleichmäßig auf dem Salat verteilen.
8. Das Fleisch und die Tomatenscheiben je nach Geschmack auf dem Grill garen und zum Salat reichen.

PFEFFERSTEAKS

FÜR 4 PERSONEN:

8-12 Rindermedaillons
1 Tasse Olivenöl
2 Pfefferschoten, 1 Zwiebel
2 EL grüne Pfefferkörner
je 2 EL grüne, schwarze, rote und weiße Pfefferkörner
100 g Butterschmalz
400 g Austernpilze, 2 Zwiebeln
100 g durchwachsenen ger. Speck
1/2 l gebundene Bratensauce
100 g Edelpilzkäse, 1 Becher Sahne
Salz, Pfeffer aus der Mühle
je 1/2 Bund Petersilie, Schnittlauch und Estragon
4 Portionen Bratkartoffeln ▲

1. Die Rindermedaillons unter fließendem Wasser abwaschen, trockentupfen und anrichten.
2. Das Olivenöl mit den gehackten Pfefferschoten, der geschälten und feingeriebenen Zwiebel und den Pfefferkörnern vermischen und die Filets damit einstreichen.
3. Die Rindermedaillons im Kühlschrank mindestens 2 Stunden ziehen lassen.
4. Die verschiedenen Pfefferkörner vermischen und im Mörser grob zerreiben.
5. Das Fleisch mit den Pfefferkörnern bestreuen, mit dem zerlassenen Butterschmalz, den geputzten Austernpilzen, den geschälten und feingehackten Zwiebeln und dem gewürfelten Speck auf dem Tisch anrichten.
6. Die heiße Bratensauce, den zerbröckelten Edelpilzkäse und die Sahne sowie das Salz, den Pfeffer aus der Mühle und die verlesenen, gewaschenen und feingehackten Kräuter dazugeben.
7. Die Bratkartoffeln auf ein Rechaud stellen und ebenfalls dazustellen.
8. Die Rindermedaillons auf dem Tischgrill mit etwas Butterschmalz braten. Die restlichen Zutaten in den Pfännchen garen, die Medaillons anrichten, das Gemüse über die Medaillons geben und mit den Bratkartoffeln servieren.

FLUGENTENBRÜSTCHEN AUF ORANGEN

FÜR 4 PERSONEN:
4 Flugentenbrustfilets à 150 g
Salz, Pfeffer aus der Mühle
1 EL Kräuter der Provence
2-3 EL Sonnenblumenöl

AUSSERDEM:
4 entsprechende Stücke Alufolie
2 EL Butterschmalz
1 große Orange
4 cl Orangenlikör
1 EL geriebene Orangenschale
einige Zweige Thymian und Estragon
1 Flasche Knoblauch-Grillsauce ▼

1. Die küchenfertigen Filets unter fließendem Wasser abwaschen, trockentupfen, mit Salz, Pfeffer und den Kräutern der Provence würzen.
2. Die Flugentenbrustfilets mit dem Sonnenblumenöl bestreichen und auf dem Grill garen.
3. In der Zwischenzeit die Orange schälen und in acht Scheiben schneiden.
4. Die Alufolie mit je zwei Orangenscheiben belegen und je ein Brustfilet darauf geben.
5. Das Ganze mit Orangenlikör beträufeln, mit der Orangenschale und einigen abgezupften Thymian- und Estragonblättchen bestreuen.
6. Die Folien verschließen, erneut auf den Grill legen und fertig garen.
7. Nach Ende der Garzeit die Flugentenbrüstchen auf Orangen in der Alufolie servieren, die Knoblauch-Grillsauce und je nach Geschmack einen großen gemischten Salat und geröstetes Stangenweißbrot dazu reichen.

WILDENTENBRUSTFILETS MIT SPECK

FÜR 4 PERSONEN:
4 Wildentenbrustfilets
Salz, Pfeffer aus der Mühle
je 1 TL Majoran und Thymian
2-3 EL Olivenöl
8 dünne Scheiben Bacon

AUSSERDEM:
1-2 EL Butterschmalz
1 Zwiebel, 2 Orangen
2 Frühlingszwiebeln
1 Tasse Weißwein
1 Tasse Orangensaft
4 cl Orangenlikör
1-2 EL grüne Pfefferkörner
1 Prise Speisewürze ▼

1. Die Filets waschen, trockentupfen, mit Salz, Pfeffer, Majoran und Thymian kräftig würzen.
2. Mit Olivenöl bestreichen und mit je zwei Scheiben Speck umwickeln, mit Zahnstochern feststecken, auf dem Grill garen.
3. Das Butterschmalz in einer Grillpfanne erhitzen und die feingehakte Zwiebel darin glasig schwitzen.
4. Die filetierten Orangen mit den geputzten und in dünne Streifen geschnittenen Frühlingszwiebeln zu den Zwiebeln geben, kurz mitschwitzen.
5. Mit Weißwein ablöschen, mit dem Orangensaft angießen und das Ganze bei starker Hitze kräftig einreduzieren lassen.
6. Die Sauce mit Orangenlikör und den grünen Pfefferkörnern verfeinern, mit Salz, Pfeffer und etwas Speisewürze abrunden.
7. Die Wildentenbrustfilets anrichten, mit der Orangensauce überziehen, ausgarnieren und servieren.

HÄHNCHENBRUSTFILETS MIT INGWER

FÜR 4 PERSONEN:
4 Hähnchenbrustfilets
Salz, Pfeffer aus der Mühle
2-3 EL Sonnenblumenöl
1 TL Fünf-Gewürz-Pulver

AUSSERDEM:
1-2 EL Butter oder Margarine
1 Zwiebel, 2 Frühlingszwiebeln
je 1 rote und gelbe Paprikaschote
4 Ingwernüsse in Sirup
1 Tasse Orangensaft
1 Tasse Reiswein
je 4 EL Sojasauce und Obstessig
1 Prise Speisewürze ▼

1. Die Filets waschen, trockentupfen, mit Salz und Pfeffer würzen.
2. Die Filets mit Sonnenblumenöl einstreichen und mit dem Fünf-Gewürz-Pulver bestreuen.
3. Das Fett in einem Grillpfännchen erhitzen und die feingehackte Zwiebel darin glasig schwitzen.
4. Die in Streifen geschnittenen Frühlingszwiebeln sowie die halbierten, entkernten und in Streifen geschnittenen Paprikaschoten zu den Zwiebeln geben, glasig schwitzen.
5. Die feingehackten Ingwernüsse untermischen, mit Orangensaft und Reiswein auffüllen.
6. Die Sauce mit Sojasauce und Obstessig abrunden, mit Salz und Pfeffer würzen und bei mäßiger Hitze 6-8 Minuten köcheln lassen.
7. In der Zwischenzeit die Filets auf den Grill legen und garen.
8. Die Sauce mit Speisewürze, Salz und Pfeffer nochmals abrunden, die fertigen Hähnchenbrustfilets anrichten, mit der Sauce überziehen, ausgarnieren und servieren.

ENTENSPIESSCHEN MIT FRÜCHTEN

FÜR 4 PERSONEN:
4 küchenfertige Entenbrustfilets
Salz, Pfeffer aus der Mühle
2 EL Tomatenmark
4 EL Sojasauce
2-3 EL Hoisin-Sauce
2-3 EL Essig
2-3 EL Honig
1 TL Fünf-Gewürz-Pulver
2 Scheiben Ananas
100 g Litschifrüchte
100 g Mandarinenfilets
4 Frühlingszwiebeln
Sesamöl zum Bestreichen ▼

1. Die küchenfertigen Entenbrustfilets unter fließendem Wasser abwaschen, trockentupfen und in mundgerechte Stücke schneiden, mit Salz und Pfeffer würzen.
2. Das Tomatenmark mit der Sojasauce, der Hoisin-Sauce, dem Essig und dem Honig verrühren und mit Fünf-Gewürz-Pulver abrunden, mit Salz und Pfeffer würzen.
3. Die Ananasscheiben in mundgerechte Würfel schneiden. Die Litschifrüchte und die Mandarinenfilets gut abtropfen lassen.
4. Die Frühlingszwiebeln putzen, waschen und in Stücke schneiden.
5. Die Zutaten abwechselnd auf Spießchen stecken und mit Sesamöl bestreichen.
6. Die Entenspießchen auf dem Grill garen und während der Garzeit öfter mit der Glasur bestreichen.
7. Die Entenspießchen anrichten, mit der restlichen Glasur bestreichen, ausgarnieren und servieren.

CHINESISCHE KRABBENBÄLLCHEN

FÜR 4 PERSONEN:
500 g durchwachs. Schweinefleisch
200 g Krabben- oder Crevettenfleisch
1 Zwiebel
je 1 EL grüne und rote Pfefferkörner
2 Eier, 1 EL Speisewürze
2 EL Hoisin-Sauce
2 EL Austernsauce
4-5 EL Semmelbrösel
2-3 EL Speisestärke
1/2 Bund Koriander
1/2 Bund Petersilie
Salz, Pfeffer aus der Mühle
1 EL Fünf-Gewürz-Pulver
Sojaöl zum Bestreichen ▼

1. Das Schweine- und Crevettenfleisch waschen, gut abtropfen lassen und das Fleisch in Stücke schneiden.
2. Die Zwiebel grob würfeln.
3. Das Fleisch mit den Zwiebeln und den Pfefferkörnern durch die feine Scheibe des Fleischwolfs drehen und in eine Schüssel geben.
4. Die Eier, die Speisewürze, die Hoisin-Sauce und die Austernsauce dazugeben und das Ganze zu einer glatten Masse verarbeiten.
5. Die Semmelbrösel und die Speisestärke zum Fleisch geben und gut miteinander vermischen.
6. Den Koriander und die Petersilie verlesen, waschen, fein hacken und unter die Masse heben.
7. Die Masse mit Salz, Pfeffer und Fünf-Gewürz-Pulver abschmecken und zu Bällchen abdrehen.
8. Die Krabbenbällchen auf Spieße stecken, mit etwas Sojaöl bestreichen und auf dem Grill garen. Die fertigen Krabbenbällchen anrichten, ausgarnieren und servieren.

BUNTE GRILLSPIESSE MIT RETTICH-DIP

FÜR 4 PERSONEN:
2 Hähnchenbrustfilets
300 g Tofu
16 große feste Egerlinge
Saft von 1/2 Zitrone
1 rote Paprikaschote
2 kleine Zucchini
4 Frühlingszwiebeln
4 Blätter Chinakohl
1/2 Tasse Sojasauce
2-3 EL Sojaöl
2-3 EL Honig
Salz, Pfeffer aus der Mühle
1 Prise Cayennepfeffer

FÜR DEN DIP:
200 g weißen Rettich
1 1/2 Tassen Sojasauce
2 EL Ingwersirup
4 in Sirup eingelegte Ingwernüsse
Saft von 1 Zitrone ▼

1. Die küchenfertigen Hähnchenbrustfilets unter fließendem Wasser abwaschen, trockentupfen und in 32 Würfelchen schneiden.
2. Den Tofu abtropfen lassen und in 16 Würfel schneiden.
3. Die Pilze verlesen, waschen, gut abtropfen lassen und halbieren, mit Zitronensaft beträufeln.
4. Die Paprikaschoten und Zucchini putzen und in 16 Stücke schneiden.
5. Die Frühlingszwiebeln waschen, putzen, die geschlossenen Teile schräg in je acht Stücke schneiden.
6. Die Chinakohlblätter waschen und abtropfen lassen. Die dicken Blattenden abtrennen und in je vier Teile schneiden, die weichen Blattenden quer halbieren, zu Röllchen drehen und halbieren.

7. Die Zutaten gleichmäßig auf 16 Schaschlikspießchen stecken und in eine flache Schale legen.
8. Die Sojasauce mit dem Sojaöl und dem Honig in einen Topf geben, aufkochen, mit Salz, Pfeffer und Cayennepfeffer abrunden.
9. Die Marinade über die Spießchen gießen und diese 20 Minuten unter mehrmaligem Wenden marinieren.
10. Anschließend die Spießchen auf dem Grill garen, mehrmals wenden und immer wieder mit der Sauce bestreichen.
11. Für den Dip die restlichen Blattspitzen der Frühlingszwiebeln in feine Röllchen schneiden.
12. Den Rettich schälen und fein reiben. Die Zutaten mit der Sojasauce und dem Ingwersirup sowie den feingehackten Ingwernüssen und dem Zitronensaft in einer Schüssel vermischen.
13. Den Dip anrichten, die Grillspieße dazugeben, ausgarnieren und servieren.

TOMATENBUTTER

FÜR 4 PERSONEN:
250 g Butter, 2 EL Tomatenmark
2 EL Tomaten-Ketchup
1 kleine Zwiebel, 1/2 Bund Oregano
1/2 Bund Basilikum
Salz, Pfeffer aus der Mühle
1 Prise Zucker
1 Prise Cayennepfeffer

1. Die Butter schaumig schlagen
2. Tomatenmark und Ketchup darunterschlagen, die Zwiebel fein reiben und mit den gehackten Kräutern unter die Butter ziehen und abschmecken.

PINCHITO MORUNO

FÜR 4 PERSONEN:
300 g Hähnchenbrustfilets
500 g Lammkeule
1 rote Paprikaschote
1 grüne Paprikaschote
10 Schalotten
8 Lorbeerblätter
2-3 EL Olivenöl
Salz, Pfeffer aus der Mühle
1 Flasche Teufels-Sauce
1 kleines Glas mit Mandeln gefüllte Oliven ▼

1. Die Hähnchenbrustfilets und die Lammkeule unter fließendem Wasser abwaschen, trockentupfen und in mundgerechte Scheibchen schneiden.
2. Die Paprikaschoten halbieren, entkernen und in 3 x 2 cm große Stücke schneiden.
3. Die Schalotten schälen und je nach Größe längs halbieren oder vierteln.
4. Die Zutaten abwechselnd mit den Lorbeerblättern auf Spießchen stecken.
5. Die Spießchen mit Olivenöl einstreichen und auf dem Grill garen.
6. Die Spießchen mit Salz und Pfeffer kräftig würzen und anrichten.
7. Die Teufels-Sauce mit den halbierten oder gehackten Oliven vermischen, zu den Spießchen geben, die Spießchen ausgarnieren und servieren.

INDONESISCHE SPIESSCHEN

FÜR 4 PERSONEN:
600 g Rinderlende
1 rote Zwiebel
2 Knoblauchzehen
1 TL Salz
2-3 EL Olivenöl
1 EL Zitronenpfeffer
1 EL Fünf-Gewürz-Pulver
1 EL Zucker
Salz, Pfeffer aus der Mühle

AUSSERDEM:
6 EL Erdnußöl
3-4 EL Erdnußbutter
1-2 EL Shrimpspaste
1 EL Sambal Oelek
2 EL Sojasauce
Saft von 1 Zitrone
Saft von 1 Orange
50 g gemahlene Erdnüsse
1 Zwiebel
2 Knoblauchzehen ▼

1. Die Rinderlende unter fließendem Wasser abwaschen, trockentupfen und in dünne Scheibchen schneiden.
2. Die Scheibchen dekorativ auf Holzspießchen stecken.
3. Die Zwiebel schälen, fein reiben, mit den geschälten und mit Salz zerriebenen Knoblauchzehen und dem Olivenöl in eine Schüssel geben und verrühren.
4. Das Ganze mit Zitronenpfeffer, Fünf-Gewürz-Pulver, Zucker, Salz und Pfeffer kräftig abschmecken und die Spießchen damit bestreichen.
5. Die Spießchen in eine flache Schale geben, mit der restlichen Marinade überziehen und im Kühlschrank mindestens 2-3 Stunden ziehen lassen.
6. Für die Sauce das Erdnußöl mit der Erdnußbutter, der Shrimpspaste, dem Sambal Oelek, der Sojasauce, dem Zitronensaft und dem Orangensaft in ein Grillpfännchen geben und erhitzen.
7. Die gemahlenen Erdnüsse mit der geschälten und feingehackten Zwiebel sowie den geschälten und sehr fein gehackten Knoblauchzehen in die Sauce geben und zum Kochen bringen.
8. Die Sauce im Mixer oder mit dem Pürierstab pürieren, erneut in das Grillpfännchen geben und erhitzen.
9. Die Spießchen auf dem Grill scharf braten, vom Feuer nehmen, anrichten, mit der Sauce überziehen, ausgarnieren und servieren.

MANGO-CURRY-REMOULADE

FÜR 4 PERSONEN:
2 Mangofrüchte, Saft von 1 Zitrone
1 EL Currypulver, 4 cl Mangolikör
1 kleines Glas Remouladensauce
Salz, Pfeffer aus der Mühle ▼

1. Die Mango schälen, das Fruchtfleisch vom Kern lösen und fein würfeln.
2. Mit Zitronensaft beträufeln, mit Currypulver, Mangolikör und der Remoulade vermischen.
3. Mit Salz und Pfeffer würzen, anrichten, ausgarnieren, servieren.

KNUSPRIGE HÄHNCHENSPIESSE

FÜR 4 PERSONEN:
4 Hähnchenbrustfilets
Salz, Pfeffer aus der Mühle
2-3 EL mittelscharfen Senf
1-2 EL Olivenöl
1 EL Paprikapulver
1 TL Ingwerpulver
1 EL Curry
1 Msp. Muskatpulver
1 EL Zucker
Saft von 2 Zitronen ▲

1. Die Hähnchenbrustfilets waschen, trockentupfen und in 2 cm breite Streifen schneiden.
2. Die Hähnchenbrustfilets mit Salz und Pfeffer kräftig würzen und mit dem Senf einreiben.
3. Das Olivenöl mit Paprikapulver, Ingwerpulver, dem Curry und dem Muskat sowie dem Zucker verrühren und die Hähnchenbrustfilets damit einstreichen, mindestens 2-3 Stunden ziehen lassen.
4. Die Hähnchenstreifen auf kleine Holzspießchen stecken und mit der Marinade nochmals bestreichen.
5. Die Hähnchenspieße auf dem Grill scharf braten, vom Feuer nehmen, anrichten, mit Zitronensaft beträufeln, ausgarnieren und servieren.

GRÜNKERN-BRATLINGE

FÜR 4 PERSONEN:

200 g Grünkern
Salzwasser oder Gemüsebrühe
4 Eier, 1 kleines Glas Kapern
1 Zwiebel
Salz, Pfeffer aus der Mühle
1 Prise Muskat
1 Prise Cayennepfeffer
1/2 Bund Petersilie
1/2 Bund Schnittlauch
80 g Semmelbrösel
1/2 Tasse Olivenöl
2 Knoblauchzehen, 1 TL Salz
Alufolie ▼

1. Das Grünkern waschen, gut abtropfen lassen und in Salzwasser oder Gemüsebrühe bißfest garen, abgießen und auskühlen lassen.
2. Die Eier mit den gut abgetropften Kapern und der geschälten und feingehackten Zwiebel unter das Grünkern mischen.
3. Mit Salz, Pfeffer, Muskat und Cayennepfeffer abschmecken.
4. Die Petersilie und den Schnittlauch verlesen, waschen, gut abtropfen lassen, fein hacken bzw. schneiden und mit den Semmelbröseln zum Grünkern geben.
5. Das Ganze zu einer glatten kompakten Masse verarbeiten und nochmals abschmecken.
6. Mit feuchten Händen acht Bratlinge und bereitstellen.
7. Das Öl mit den mit Salz zerriebenen Knoblauchzehen vermischen und die Bratlinge damit einstreichen.
8. Die Bratlinge auf dem Grill oder auf einem mit Öl ausgestrichenem Stück Alufolie garen. Die Bratlinge anrichten, ausgarnieren und mit den Saucen servieren.

AVOCADOSAUCE

FÜR 4 PERSONEN:

1 Avocadofrucht
Saft von 1/2 Zitrone
1 Becher Dickmilch
Salz, weißen Pfeffer aus der Mühle
1 Prise Cayennepfeffer
1 Prise Zucker ▼

1. Die Avocadofrucht dünn schälen, halbieren und den Kern herauslösen.
2. Das Avocadofruchtfleisch kleinschneiden, mit Zitronensaft beträufeln, mit der Dickmilch im Mixer oder mit dem Pürierstab pürieren.
3. Die Sauce mit Salz, Pfeffer, Cayennepfeffer und Zucker abschmecken, anrichten, ausgarnieren und servieren.

PERNODSAUCE

FÜR 4 PERSONEN:

2 Becher Sahne-Dickmilch
1 Schuß Sahne
5 cl Pernod
50 g geriebenen Parmesankäse
Salz, Pfeffer aus der Mühle
1 Prise Cayennepfeffer
1 Prise Zucker ▼

1. Die Sahne-Dickmilch mit der Sahne und dem Pernod in eine Schüssel geben und glattrühren.
2. Den geriebenen Parmesankäse untermischen, mit Salz, Pfeffer, Cayennepfeffer und Zucker abschmecken.
3. Die Pernodsauce anrichten, ausgarnieren und servieren.

CURRYSAUCE

FÜR 4 PERSONEN:

100 g Kefir
1 Becher Sahne-Dickmilch
1 TL Currypulver
1 Msp. Kurkuma
Saft von 1/2 Zitrone
Salz und weißen Pfeffer aus der Mühle ▼

1. Den Kefir mit der Dickmilch in eine Schüssel geben und glattrühren.
2. Mit Curry, Kurkuma, Zitronensaft, Salz und Pfeffer abschmecken, anrichten, ausgarnieren und servieren.

EIERSAUCE

FÜR 4 PERSONEN:

2 Becher Dickmilch
4 hartgekochte Eier
1-2 EL mittelscharfen Senf
Saft von 1 Zitrone
1 Bund Schnittlauch
Salz, Pfeffer aus der Mühle
je 1 Prise Zitronenpfeffer, Cayennepfeffer und Zucker ▼

1. Die Dickmilch in eine Schüssel geben und glattrühren.
2. Die Eier halbieren, das Eigelb herauslösen, durch ein Sieb streichen und unter die Dickmilch rühren.
3. Den Senf, den Zitronensaft und den geschnittenen Schnittlauch unter die Sauce mischen.
4. Die Sauce mit Salz, Pfeffer, Zitronenpfeffer, Cayennepfeffer und Zucker kräftig abschmecken.
5. Das Eiweiß fein hacken, unter die Sauce heben, die Sauce nochmals abschmecken, anrichten, ausgarnieren und servieren.

BUNTER PAPRIKASPIESS

FÜR 4 PERSONEN:
4 Kolben Gemüsemais
Gemüsebrühe oder Salzwasser
2 rote Paprikaschoten

AUSSERDEM:
4 entsprechende Stücke Alufolie
Butter oder Margarine zum Bestreichen
100 g Butter oder Margarine
2 Knoblauchzehen, 2 TL Salz
2 EL Honig
1 Flasche Knoblauch-Grill-Sauce
1/2 Bund Schnittlauch
1/2 Bund Petersilie

1. Den Gemüsemais putzen und in der Gemüsebrühe oder im Salzwasser bißfest garen, herausnehmen und gut abtropfen lassen.
2. Die Paprikaschoten halbieren, entkernen, waschen, gut abtropfen lassen und in Stücke schneiden.
3. Den Mais in 3-4 cm dicke Scheiben schneiden und abwechselnd mit den Paprikaschoten auf Spieße stecken.
4. Die Alufolie mit Butter oder Margarine bestreichen, die Mais-Spieße darin einwickeln, auf dem Grill garen.
5. In der Zwischenzeit die Butter oder Margarine mit den mit Salz zerriebenen Knoblauchzehen und dem Honig vermischen.
6. Kurz vor Garende die Alufolie aufreißen und das Gemüse mit der Knoblauchbutter bestreichen.
7. Die Knoblauch-Grill-Sauce mit den verlesenen, gewaschenen und gehackten Kräutern vermischen.
8. Die Paprika-Mais-Spieße anrichten, mit der restlichen Knoblauchbutter überziehen, ausgarnieren und mit der Grillsauce servieren.

TOMATEN-ZUCCHINI-SPIESSE

FÜR 4 PERSONEN:
8 kleine Tomaten
2 mittelgroße Zucchini
100 g Butter oder Margarine
1 TL Oregano, 1 TL Basilikum
2 EL Honig
2 EL Tomaten-Ketchup
Salz, Pfeffer aus der Mühle
1 Prise Cayennepfeffer

AUSSERDEM:
2 Becher Joghurt
1 Zwiebel, 1 Stück Salatgurke
1 EL Tsatsiki-Gewürz
2 Knoblauchzehen, 1 TL Salz
einige Tropfen Zitronensaft
einige Tropfen Worcestersauce
1 Prise Zucker

1. Die Tomaten waschen und halbieren.
2. Die Zucchini putzen und in dicke Scheiben schneiden.
3. Tomatenhälften und Zucchinischeiben auf Spieße stecken.
4. Das Fett mit dem Oregano, dem Basilikum, dem Honig und dem Tomaten-Ketchup in eine Schüssel geben und schaumig schlagen.
5. Mit Salz, Pfeffer und Cayennepfeffer würzen. Die Spieße auf den Grill legen, mit der Gewürzbutter bestreichen und garen.
6. Für die Sauce den Joghurt mit der geriebenen Zwiebel und der Salatgurke vermischen.
7. Mit den Gewürzen abschmecken.
8. Die Tomaten-Zucchini-Spieße während der Garzeit öfter mit der Gewürzbutter bestreichen. Anrichten, die restliche Gewürzbutter darüberstreichen, die Joghurtsauce dazugeben, ausgarnieren, servieren.

CHAMPIGNON-SPIESSE

FÜR 4 PERSONEN:
200 g frische Champignon
Saft von 1 Zitrone
8-12 Silberzwiebeln aus dem Glas
8-12 Cocktailtomaten
Salz, Pfeffer aus der Mühle
100 g Butter oder Margarine
1 EL Kräuter der Provence
2 Knoblauchzehen
1 TL Salz
1 Bund Schnittlauch
1 Bund Petersilie

1. Die Champignons putzen, waschen, gut abtropfen lassen und mit Zitronensaft beträufeln.
2. Die Champignons mit den Silberzwiebeln und den Cocktailtomaten abwechselnd auf Spieße stecken.
3. Die Cocktailtomaten mit einem Zahnstocher mehrmals einstechen und das Ganze mit Salz und Pfeffer würzen.
4. Die Butter oder Margarine in einem Topf erhitzen, die Kräuter der Provence, die mit Salz zerriebenen Knoblauchzehen dazugeben und kurz ziehen lassen.
5. Die Gewürzbutter mit Salz und Pfeffer abrunden, die Spieße damit einstreichen und auf dem Grill garen.
6. Kurz vor Garende die verlesenen, gewaschenen und feingehackten Kräuter unter die Gewürzbutter ziehen.
7. Die Spieße anrichten, mit der Gewürzbutter überziehen, ausgarnieren und servieren.

FEURIGER PAPRIKA-DIP

FÜR 4 PERSONEN:

1 Becher Joghurt
1 Tasse Mayonnaise
1/2 rote Paprikaschote
1/2 grüne Paprikaschote
1 kleine Zwiebel
1/2 Bund Schnittlauch
1-2 EL mittelscharfen Senf
1 TL Paprikapulver
Salz, Pfeffer aus der Mühle
einige Tropfen Zitronensaft
einige Tropfen Worcestersauce ▼

1. Den Joghurt mit der Mayonnaise in einer Schüssel glattrühren.
2. Die Paprikaschoten in sehr feine Würfel schneiden, die Zwiebel schälen und fein hacken.
3. Den Schnittlauch kleinschneiden, mit dem Gemüse und dem Senf sowie dem Paprikapulver unter die Sauce rühren, abschmecken und servieren.

SARDELLEN-DIP

FÜR 4 PERSONEN:

1 Becher Sahne-Dickmilch
1 Tasse Mayonnaise
50 g Sardellenpaste, 1/2 Bund Dill
Salz, Pfeffer aus der Mühle
1 Prise Cayennepfeffer
1 Prise Zucker
einige Tropfen Worcestersauce
einige Tropfen Zitronensaft ▼

1. Die Dickmilch, die Mayonnaise und die Sardellenpaste in einer Schüssel verrühren, den feingehackten Dill untermischen.
2. Abschmecken, anrichten und zu den Folienkartoffeln servieren.

CEVAPCICI

FÜR 4 PERSONEN:
500 g gemischtes Rinder- oder Schweinehack
300 g Lammhack
2-3 Knoblauchzehen
1 TL Salz
1 Zwiebel
1 EL Oregano
1 TL Thymian
1 EL geriebene Zitronenschale
Salz, Pfeffer aus der Mühle
1 Tasse Olivenöl

AUSSERDEM:
2 Zwiebeln
1 rote Paprikaschote
1 grüne Paprikaschote
4 Peperoni
1 Tasse Paprikamus ▼

1. Das Rinder- oder Schweinehack mit dem Lammhack in eine Schüssel geben und gut vermischen.
2. Die Knoblauchzehen schälen, hacken, mit Salz zu einer Paste zerreiben, und mit der geschälten, geriebenen oder gehackten Zwiebel unter die Fleischmasse arbeiten.
3. Die Masse mit Oregano, Thymian, Zitronenschale, Salz und Pfeffer kräftig abschmecken.
4. Mit feuchten Händen kleine Würstchen abdrehen und diese mit Olivenöl bestreichen.
5. Die Cevapcicis auf dem Grill garen.
6. Die Zwiebeln schälen, hacken, die Paprikaschoten halbieren, entkernen und in feine Würfel schneiden.
7. Die Cevapcici anrichten, die rohen Zwiebel und Paprikawürfel sowie die Peperoni dazugeben.
8. Das Paprikamus dazugeben, das Ganze ausgarnieren und servieren.

PLJESKALICA

FÜR 4 PERSONEN:
300 g Schweinehack
300 g Lammhack
2 Knoblauchzehen, 1 TL Salz
1 grüne Paprikaschote, 2 Zwiebeln
Salz, Pfeffer aus der Mühle
1 Prise Cayennepfeffer
1 EL Oregano
1/2 Bund Petersilie
3-4 EL Olivenöl
400 g weiße Bohnen
je 1 rote und grüne Paprikaschote
1 Gemüsezwiebel
1/2 Tasse Aceto balsamico
1/2 Tasse Olivenöl
2 Knoblauchzehen ▼

1. Das Schweine- und Lammhack mit den mit Salz zerriebenen Knoblauchzehen in einer Schüssel vermischen.
2. Die Paprikaschote halbieren, entkernen und sehr fein würfeln.
3. Die Zwiebeln fein hacken.
4. Die Paprika und die Zwiebeln gut mit dem Fleisch vermischen.
5. Die Masse mit Salz, Pfeffer, Cayennepfeffer und Oregano würzen.
6. Die Petersilie waschen, fein hacken und unter die Masse rühren.
7. Die Masse mit feuchten Händen zu großen Hacksteaks formen, diese flachdrücken, mit Öl bestreichen.
8. Die Steaks auf dem Grill garen.
9. Die Bohnen mit den in Streifen geschnittenen Paprikaschoten in einer Schüssel vermischen.
10. Die Gemüsezwiebel schälen, fein hacken und unter den Salat heben.
11. Den Salat mit Aceto und Olivenöl anmachen, die gehackten Knoblauchzehen untermischen, mit Salz, Pfeffer und Cayennepfeffer würzen.
12. Die Hacksteaks anrichten, den Gemüsesalat dazugeben, ausgarnieren und servieren.

SÎS BALIGI

FÜR 4 PERSONEN:
4 küchenfertige Makrelen
Salz, Pfeffer aus der Mühle
Saft von 2 Zitronen
3-4 EL Weinessig
je 1/2 Bund Basilikum und Oregano
1 Tasse Olivenöl
2 Knoblauchzehen, 1 TL Salz
je 1 EL Oregano und Basilikum
2 Zwiebeln
je 2 rote und grüne Paprikaschoten
1 Zucchino
200 g Champignonköpfe ▼

1. Die Makrelen waschen, trockentupfen, mit Salz und Pfeffer würzen, mit Zitronensaft und Weinessig beträufeln und mindestens 10-15 Minuten ziehen lassen.
2. Die Kräuter waschen und zerpflükken und die Makrelen damit füllen.
3. Das Öl mit den geschälten und mit Salz zerriebenen Knoblauchzehen, dem Oregano und dem Basilikum vermischen.
4. Die Makrelen mit einem Messer mehrmals einschneiden und mit dem Kräuter-Gewürz-Öl bestreichen.
5. Die Zwiebeln in Stücke schneiden, die Paprikaschoten halbieren, entkernen, waschen, in Stücke schneiden.
6. Die Zucchino putzen, halbieren und in Würfel schneiden. Die Champignonköpfe putzen, waschen und je nach Bedarf halbieren, mit Zitronensaft beträufeln.
7. Die Makrelen mit dem Gemüse auf vier große Spieße stecken, mit dem Gewürzöl bestreichen und auf dem Grill garen.
8. Während der Garzeit öfter mit dem Gewürzöl bestreichen.
9. Die Makrelenspieße anrichten, ausgarnieren und servieren.

ASADO CON SALSA DE PINAS

FÜR 4 PERSONEN:

4 Rinderfilets à 200 g
Saft von 1 Zitrone
2 Knoblauchzehen
1 TL Salz
1 EL geschrotete Pfefferkörner
4 cl Weinbrand
4 EL Olivenöl
1 Flasche Teufels-Sauce
2 Scheiben Ananas
2-3 EL grüne Pfefferkörner
1/2 Bund Koriander

1. Die küchenfertigen Rinderfilets unter fließendem Wasser abwaschen, trockentupfen und in eine Schüssel legen.
2. Den Zitronensaft mit den mit Salz zerriebenen Knoblauchzehen, den geschroteten Pfefferkörnern und dem Weinbrand sowie dem Olivenöl vermischen und die Steaks damit überziehen.
3. Die Rinderfilets mit der Marinade im Kühlschrank mindestens 3-4 Stunden ziehen lassen.
4. Für die Zubereitung die Rinderfilets gut abtropfen lassen und auf dem Grill je nach Geschmack medium oder durch braten.
5. Während der Garzeit öfter mit der Marinade bestreichen.
6. Die fertigen Rinderfilets anrichten, die Teufels-Sauce in eine Schüssel geben, die fein gewürfelten Ananasscheiben, die Pfefferkörner und den verlesenen, gewaschenen und feingehackten Koriander untermischen.
7. Die Sauce zu den Filets geben, das Ganze ausgarnieren und servieren.

GEFLÜGELLEBER AUF KRESSESALAT

FÜR 4 PERSONEN:
600 g Geflügellebern
weißen Pfeffer aus der Mühle
1/2 Tasse Olivenöl
1 TL Kräuter der Provence
2 cl Weinbrand
1 Prise Cayennepfeffer

AUSSERDEM:
120 g Brunnenkresse
100 g Cocktailtomaten
20 g geröstete Cashewkerne
1/2 Bund Thymian
Salz, Pfeffer aus der Mühle
1 Päckchen French Dressing ▼

1. Die küchenfertigen Geflügellebern unter fließendem Wasser abwaschen, trockentupfen und mit weißem Pfeffer kräftig würzen.
2. Das Olivenöl mit den Kräutern der Provence, dem Weinbrand und dem Cayennepfeffer vermischen und die Geflügelleber damit überziehen.
3. Im Kühlschrank 10-15 Minuten ziehen lassen und anschließend die Geflügellebern auf Spieße stecken und auf dem Grill garen.
4. Die Brunnenkresse verlesen, waschen, gut abtropfen lassen, die Cocktailtomaten halbieren.
5. Den Salat mit den Cashewkernen vermischen und dekorativ anrichten.
6. Den Thymian verlesen, waschen, zerpflücken und den Salat damit dekorieren. Den Salat mit Salz und Pfeffer würzen und mit dem French Dressing überziehen.
7. Die warmen Geflügellebern dekorativ auf den Salat anrichten, ausgarnieren und servieren.

LEBERSPIESSCHEN

FÜR 4 PERSONEN:
600 g Kalbs- oder Rinderleber
einige Tropfen Weinbrand
2 rote Paprikaschoten
1/4 l Gemüsebrühe, 1 EL Salbei
1 Schale Butterschmalz
Salz, Pfeffer aus der Mühle

AUSSERDEM:
200 g Weintrauben
je 4 Port. Grillgemüse, Bratkartoffeln
600 g Raclettekäse ▼

1. Die küchenfertige Kalbs- oder Rinderleber waschen, trockentupfen, in mundgerechte Würfel schneiden, in eine Schüssel geben, mit Weinbrand beträufeln und mit dem Salbei bestreuen.
2. Die Paprikaschoten halbieren, entkernen, waschen, gut abtropfen lassen, in mundgerechte Würfel schneiden und in etwas Gemüsebrühe bißfest garen.
3. Die Paprikawürfel mit den Leberwürfeln abwechselnd auf Spießchen stecken und bereitstellen.
4. Die Leberspießchen mit dem Butterschmalz, dem Salz, dem Pfeffer und den geputzten Weintrauben dekorativ anrichten.
5. Das Grillgemüse und die Bratkartoffeln in feuerfeste Schüsseln geben und auf einem Rechaud dazustellen.
6. Den Raclettekäse in Würfel schneiden und ebenfalls dazugeben.
7. Die Leberspießchen und die Weintrauben auf dem leicht gefetteten Grill garen.
8. Das Grillgemüse und die Bratkartoffeln anrichten, die Leberspießchen dazugeben und den zerlassenen Raclettekäse darüber verteilen.

KRABBENSPIESSCHEN

FÜR 4 PERSONEN:
800 g geschälte Hummerkrabben
Saft von 2 Zitronen
einige Tropfen Worcestersauce
1 Tasse Olivenöl
2 Knoblauchzehen
1 TL Salz
1 EL Kräuter der Provence
1/2 Bund Schnittlauch
1/2 Bund Dill
1/2 Bund Petersilie
600 g Raclettekäse
4 Portionen Ratatouillegemüse
4 Portionen Bratkartoffeln ▼

1. Die Hummerkrabben unter fließendem Wasser abwaschen, trockentupfen und in eine Schüssel geben.
2. Mit Zitronensaft und Worcestersauce beträufeln und im Kühlschrank 10 Minuten ziehen lassen.
3. Das Öl mit den mit Salz zerriebenen Knoblauchzehen und den Kräutern der Provence verrühren.
4. Die verlesenen, gewaschenen und feingehackten Kräuter in ein Schälchen geben.
5. Den Raclettekäse würfeln.
6. Die Zutaten dekorativ anrichten und auf den Tisch stellen.
7. Das Ratatouillegemüse und die Bratkartoffeln in feuerfeste Formen geben und auf einem Rechaud dazustellen.
8. Das Knoblauchöl auf den Grill streichen, die Krabben auf Spießchen stecken und auf dem Grill garen.
9. Während der Garzeit öfter mit der Kräutermarinade bestreichen.
10. Das Ratatouillegemüse und die Bratkartoffeln anrichten, die Spießchen darauf geben, mit dem zerlassenen Raclettekäse überziehen und mit den gehackten Kräutern bestreuen.

MARINIERTE REHKOTELETTS

FÜR 4 PERSONEN:

12-16 Rehkoteletts
1/2 Tasse Essig, 1/4 l Rotwein
2 Lorbeerblätter
je 1 Zweig Rosmarin und Thymian
einige Wacholderbeeren
einige Pfefferkörner
1 Schale Butterschmalz
einige Tropfen Weinbrand
4 Portionen Grillgemüse
4 Portionen gemischten Salat
2 EL geschrotete gemischte Pfefferkörner
600 g Raclettekäse
Fonduesaucen und Salatsaucen ▲

1. Die Koteletts waschen, trockentupfen, in ein Steingutgefäß legen.
2. Den Essig und den Rotwein in einem Topf zum Kochen bringen.
3. Die Lorbeerblätter, den Rosmarin- und den Thymianzweig, die Wacholderbeeren und die Pfefferkörner dazugeben, einmal aufkochen lassen, vom Feuer nehmen, erkalten lassen und über die Rehkoteletts gießen.
4. Die Koteletts im Kühlschrank über Nacht ziehen lassen, aus der Marinade nehmen, gut abtropfen lassen und dekorativ anrichten.
5. Die Rehkoteletts mit Schmalz und Weinbrand servieren.
6. Das erhitzte Gemüse auf einem Rechaud dazustellen. Den Salat, die Pfefferkörner, den gewürfelten Raclettekäse und die Salat- und Fonduesaucen dazustellen.
7. Die Rehkoteletts mit etwas Butterschmalz auf dem Grill garen, mit den Pfefferkörnern bestreuen, mit dem Grillgemüse anrichten und mit dem Raclettekäse überziehen.

HÄHNCHENBRUST-FILETS PROVENCALE

FÜR 4 PERSONEN:
4 küchenfertige Hähnchenbrustfilets
1 Tasse Olivenöl
1 Zwiebel
1-2 EL Kräuter der Provence
1-2 Knoblauchzehen, 1 TL Salz

AUSSERDEM:
500 g französische Gemüsemischung (Auberginen, Paprikaschoten, Zucchini, Blumenkohl, Broccoli...)
1 Zwiebel
1-2 EL Butterschmalz
1 kleine Dose geschälte Tomaten
1 TL Kräuter der Provence
2 Knoblauchzehen
1 Tasse Kirschsaft
1 Tasse gebundene Bratensauce ▼

1. Die Hähnchenbrustfilets waschen, trockentupfen und in eine Schüssel geben.
2. Das Olivenöl mit der geschälten und feingeriebenen Zwiebel, den Kräutern der Provence, den geschälten und mit Salz zerriebenen Knoblauchzehen vermischen und die Hähnchenbrustfilets damit überziehen.
3. Die Hähnchenbrustfilets zugedeckt im Kühlschrank mindestens 2-3 Stunden marinieren.
4. Die küchenfertige Gemüsemischung mit der geschälten und feingehackten Zwiebel vermischen.
5. Das Butterschmalz in einer Grillpfanne erhitzen und die Gemüsemischung darin dünsten.
6. Die geschälten Tomaten mit einer Gabel zerdrücken und zum Gemüse geben. Mit Kräutern der Provence und den gehackten Knoblauchzehen würzen.
7. Den Kirschsaft mit der gebundenen Bratensauce angießen und bei mäßiger Hitze 5-6 Minuten köcheln lassen.
8. Die gut abgetropften Hähnchenbrustfilets auf dem Grill garen, während der Garzeit öfter mit der Marinade bestreichen.
9. Die Hähnchenbrustfilets anrichten, mit der Gemüsemischung überziehen, ausgarnieren und servieren.

LEBERKÄS-APFEL

FÜR 4 PERSONEN:
4 säuerliche Äpfel
Saft von 1 Zitrone
150 g Leberkäsbrät
1 TL Majoran
1 EL mittelscharfen Senf
1/2 Bund Petersilie
2-3 EL Olivenöl
1 TL Kräuter der Provence
1-2 EL Honig
1-2 EL Tomaten-Ketchup
Salz, Pfeffer aus der Mühle ▼

1. Die Äpfel waschen und mit einem Messer das Kerngehäuse herauslösen. Am Stielende nicht durchstechen!
2. Die ausgehöhlten Äpfel mit Zitronensaft beträufeln.
3. Das Leberkäsbrät mit dem Majoran, dem Senf und der gehackten Petersilie vermischen, in die Äpfel füllen.
4. Das Olivenöl mit den Kräutern der Provence, dem Honig und dem Tomaten-Ketchup glattrühren.
5. Die Äpfel auf dem Grill garen, öfter mit der Glasur bestreichen.
6. Nach Ende der Garzeit die Leberkäs-Äpfel anrichten, mit der restlichen Glasur überziehen, mit Salz und Pfeffer würzen, ausgarnieren und servieren.

PIKANTE APFELSPIESSCHEN

FÜR 4 PERSONEN:
250 g Tatar
250 g gemischtes Hackfleisch
1 Zwiebel, 1 Knoblauchzehe
2 Eier, 4 EL Rosinen
Salz, Pfeffer aus der Mühle
1 EL Paprikapulver
1 EL Thymian
200 g durchwachsenen geräucherten Speck
2-3 säuerliche Äpfel
Saft von 1 Zitrone
50 g Butter oder Margarine
je 1 TL Zucker und Sojasauce
1 EL Zitronensaft ▼

1. Das Tatar mit dem Hackfleisch in eine Schüssel geben.
2. Die Zwiebel und Knoblauchzehe hacken, mit den Eiern und den Rosinen zum Fleisch geben und zu einer Masse verarbeiten.
3. Die Masse mit Salz, Pfeffer, Paprika und Thymian würzen.
4. Die Hackfleischmasse zu Bällchen abdrehen, bereitstellen.
5. Den Speck in mundgerechte Stücke schneiden, die Äpfel schälen, entkernen, in Schnitze schneiden, mit Zitronensaft beträufeln.
6. Die Hackfleischbällchen mit den Speckwürfeln und den Apfelschnit-zen abwechselnd auf Spieße stecken und garen.
7. Das Fett in einem Pfännchen erhitzen, mit Zucker, Zitronensaft, Sojasauce, Salz und Pfeffer abschmecken und damit während der Garzeit die Spieße bestreichen.
8. Die Apfelspieße anrichten, ausgarnieren, mit der restlichen Buttermischung überziehen und servieren.

SANDWICH-TOAST MIT WURST

FÜR 4 PERSONEN:
8 Scheiben Toastbrot
4 EL Remouladensauce
4 Scheiben Fleischwurst oder Schinken
1 Gewürzgurke
2 EL Paprikagemüse
2 EL Silberzwiebeln
4 Scheibletten ▼

1. Die Toastbrotscheiben auf eine Arbeitsfläche legen und die Hälfte davon mit Remouladensauce bestreichen.
2. Die Fleischwurst oder den Schinken gleichmäßig darauf legen.
3. Die Essiggurken in Scheiben schneiden, das Paprikagemüse und die Silberzwiebeln hacken und gleichmäßig auf der Wurst verteilen.
4. Mit Scheibletten abdecken und die restlichen Toastbrotscheiben darauf legen.
5. Den Sandwich-Toaster leicht ausfetten, die Toastbrotscheiben darauf legen und das Ganze im Sandwich-Toaster 3-4 Minuten toasten, herausnehmen, diagonal halbieren, anrichten und servieren.

ITALIENISCHE TOMATENECKEN

FÜR 4 PERSONEN:
8 Scheiben Toastbrot
2 EL Butter oder Margarine
8 dünne Scheiben italienische Salami
4 kleine Tomaten
Salz, Pfeffer aus der Mühle
1/2 Bund Basilikum
1/2 Bund Oregano
200 g Mozzarellakäse ▼

1. Die Toastbrotscheiben auf eine Arbeitsfläche legen und die Hälfte davon mit Butter oder Margarine bestreichen.
2. Die italienische Salami gleichmäßig auf die gebutterten Toastbrotscheiben legen.
3. Die Tomaten in dünne Scheiben schneiden und auf die Salami legen, das Ganze mit Salz und Pfeffer würzen.
4. Die verlesenen, gewaschenen und feingehackten Kräuter darüberstreuen und das Ganze mit in Scheiben geschnittenem Mozzarellakäse abdecken.
5. Die restlichen Toastbrotscheiben darauf legen und in den ausgefetteten Sandwich-Toaster legen. Die Tomatenecken im Sandwich-Toaster 4-5 Minuten toasten, herausnehmen, diagonal halbieren, anrichten und servieren.

GEMÜSE-SCHNITTCHEN

FÜR 4 PERSONEN:
8 Scheiben Toastbrot
2-3 EL Butter oder Margarine
50 g durchwachsenen geräucherten Speck
1 Zwiebel
100 g Mischgemüse
50 g geriebenen Emmentaler
Salz, Pfeffer aus der Mühle
Cayennepfeffer
Muskat
1/2 Bund Schnittlauch
1/2 Bund Estragon ▼

1. Die Toastbrotscheiben auf eine Arbeitsfläche legen und die Hälfte davon mit Butter oder Margarine bestreichen.
2. Den in feine Würfel geschnittenen Speck mit der geschälten und feingehackten Zwiebel in eine Pfanne geben und auslassen.
3. Das kleingeschnittene Mischgemüse dazugeben und kurz dünsten, vom Feuer nehmen, vollständig erkalten lassen und den Emmentaler untermischen.
4. Das Ganze mit Salz, Pfeffer, Cayennepfeffer und Muskat kräftig würzen und die verlesenen und feingehackten Kräuter untermischen.
5. Das Gemüse gleichmäßig auf die gebutterten Toastbrotscheiben legen und mit den restlichen Scheiben abdecken.
6. Die Toastbrotscheiben in den ausgefetteten Sandwich-Toaster geben und 4-5 Minuten toasten, herausnehmen, diagonal halbieren, anrichten und servieren.

KÄSE-SCHNITTLAUCHECKEN

FÜR 4 PERSONEN:

8 Scheiben Toastbrot
2-3 EL Butter oder Margarine
2 Eier
50 g geriebenen Emmentaler
50 g gekochten Schinken
2 Frühlingszwiebeln
1 Bund Schnittlauch
Salz, Pfeffer aus der Mühle

1. Die Toastbrotscheiben auf eine Arbeitsfläche legen und die Hälfte davon mit Butter oder Margarine bestreichen.
2. Die Eier mit dem geriebenen Emmentaler, dem in Würfel geschnittenen Schinken, den gehackten Frühlingszwiebeln und dem feingeschnittenen Schnittlauch in eine Schüssel geben und vermischen.
3. Die Eimasse mit Salz und Pfeffer würzen und gleichmäßig auf den gebutterten Toastbrotscheiben verteilen.
4. Die restlichen Toastbrotscheiben darauf legen, das Ganze in den ausgefetteten Sandwich-Toaster geben und 4-5 Minuten toasten, herausnehmen, diagonal halbieren, anrichten und servieren.

BUNTE FISCHPÄCKCHEN

FÜR 4 PERSONEN:
8 getrocknete Shiitake-Pilze
2 Makrelenfilets (250 g)
250 g Lachsfilets
400 g Heilbuttfilets
16 große Garnelen
Salz, Pfeffer aus der Mühle
Saft von 2 Zitronen
1 Tasse Sojasauce
1 Stück Ingwerwurzel
2-3 EL Reisessig
1/2 Tasse Weißwein
2 Frühlingszwiebeln
1 rote Paprikaschote
200 g Bleichsellerie
100 g Zuckerschoten
8 entsprechende Stücke Alufolie
2-3 EL Erdnußöl ▼

1. Die Pilze in lauwarmem Wasser 30 Minuten einweichen.
2. Die Makrelen-, Lachs- und die Heilbuttfilets sowie die Garnelen waschen und gut abtropfen lassen.
3. Die Fischfilets in zentimeterbreite Scheibchen schneiden, mit den Garnelen in eine Schüssel geben und mit Salz und Pfeffer würzen.
4. Den Zitronensaft mit der Sojasauce, der geriebenen Ingwerwurzel, dem Reisessig und dem Weißwein verrühren und die Fischfilets damit überziehen, im Kühlschrank mindestens 10-15 Minuten ziehen lassen.
6. Die Frühlingszwiebeln und die Paprikaschoten in Streifen schneiden.
7. Den Sellerie putzen, in Streifen schneiden, mit den Zuckerschoten und dem restlichen Gemüse zum Fisch geben und alles vorsichtig miteinander vermischen.
8. Die Alufolie auf eine Arbeitsfläche legen, mit dem Öl bestreichen.
9. Die Zutaten gleichmäßig darauf verteilen und die Folie beutelartig nach oben ziehen.
10. Mit der übriggebliebenen Marinade gleichmäßig beträufeln und das Ganze auf dem Grill garen. Vom Feuer nehmen, anrichten, ausgarnieren und servieren.

GEKRÄUTERTE SCHOLLENFILETS

FÜR 4 PERSONEN:
8 Schollenfilets à 200 g
Saft von 1 Zitrone
einige Tropfen Worcestersauce
einige Tropfen Weinessig
Salz, Pfeffer aus der Mühle
je 1/2 Bund Dill, Estragon und Petersilie
2-3 EL Olivenöl
100 g Butter oder Margarine
4-5 EL Sardellenpaste
Saft von 1/2 Zitrone
einige Tropfen Sherry ▼

1. Die Schollenfilets waschen, trockentupfen, mit Zitronensaft und Worcestersauce sowie Weinessig beträufeln, mit Salz und Pfeffer würzen und 10-15 Minuten ziehen lassen.
2. Die Kräuter verlesen, waschen, hacken und mit dem Öl verrühren.
3. Das Fett in einer Schüssel schaumig schlagen, die Sardellenpaste, den Zitronensaft und den Sherry kräftig daruntermischen.
4. Die Schollenfilets mit etwas Öl bestreichen und auf dem Grill garen. Kurz vor Garende mit der Kräutermischung bestreichen, nochmals erhitzen und anrichten.
5. Die gekräuterten Schollenfilets ausgarnieren, die Sardellenbutter dazugeben und servieren.

HUMMER-KRABBENSPIESSE

FÜR 4 PERSONEN:
24 Hummerkrabben in der Schale
Saft von 2 Zitronen
einige Tropfen Worcestersauce
Salz, Pfeffer aus der Mühle

AUSSERDEM:
1 Tasse Olivenöl
2 Knoblauchzehen, 1 TL Salz
1 EL Kräuter der Provence

FÜR DIE SAUCE:
1/2 Tasse Mayonnaise
1 Becher Joghurt
je 2-3 EL Johannisbeergelee, Tomaten-Ketchup und Obstessig
2 cl Weinbrand
1 TL Currypulver ▼

1. Die Hummerkrabben waschen, trockentupfen, mit Zitronensaft und Worcestersauce beträufeln, mit Salz und Pfeffer würzen und 15-20 Minuten ziehen lassen.
2. Das Öl in eine Schüssel geben und die mit Salz zerriebenen Knoblauchzehen sowie die Kräuter der Provence untermischen.
3. Für die Sauce die Mayonnaise mit dem Joghurt, dem Johannisbeergelee und dem Tomaten-Ketchup, Obstessig und Weinbrand in einer Schüssel glattrühren.
4. Mit Salz, Pfeffer, Zitronensaft, Worcestersauce und Currypulver kräftig abschmecken.
5. Die Spießchen öfter mit dem Kräuter-Knoblauch-Öl bestreichen und auf dem Grill garen.
6. Die fertigen Spieße anrichten, ausgarnieren und mit der Sauce servieren.

Soja-Sauce
natürlich gebraut
Inhalt
280 ml
KIKKOMAN CORPORATION

WEISSKRAUT-PÄCKCHEN

FÜR 4 PERSONEN:
1 Kopf Weißkraut, 1 Zwiebel
250 g Schweinebauch
250 g Rindfleisch
2 Knoblauchzehen, 1 TL Salz
2 Frühlingszwiebeln
2 EL Tomaten-Ketchup
je 1 TL Oregano und Basilikum
Salz, Pfeffer aus der Mühle
1 EL Paprikapulver
1 TL gemahlenen Kümmel
1 Bund Schnittlauch
4-5 EL Olivenöl

1. Das Weißkraut putzen, die Blätter vom Strunk lösen und diese in Salzwasser blanchieren, gut abtropfen lassen und bereitstellen.
2. Die Zwiebel in Würfel schneiden.
3. Den Schweinebauch und das Rindfleisch waschen, trockentupfen, in Würfel schneiden, mit den Zwiebeln, den mit Salz zerriebenen Knoblauchzehen sowie den kleingeschnittenen Frühlingszwiebeln durch die feine Scheibe des Fleischwolfs drehen.
4. Die Masse mit dem Ketchup kräftig durcharbeiten.
5. Mit Oregano, Basilikum, Salz, Pfeffer, Paprikapulver und Kümmel abschmecken und den feingeschnittenen Schnittlauch untermischen.
6. Je nach Größe 2-3 Weißkrautblätter auf einer Arbeitsfläche übereinanderlegen und die Masse gleichmäßig darauf verteilen.
7. Das Ganze mit einem feuchten Küchentuch zu Rouladen drehen.
8. Die Weißkrautpäckchen mit Olivenöl bestreichen und auf dem Grill bei mäßiger Hitze garen.
9. Die Weißkrautpäckchen anrichten, ausgarnieren und servieren.

ROTKRAUTWICKERL

FÜR 4 PERSONEN:
1 kleinen Kopf Rotkraut
Salzwasser oder Gemüsebrühe

FÜR DIE FÜLLUNG:
400 g Schweinemett
100 g grobe Leberwurst
2 EL mittelscharfen Senf
2 EL Preiselbeermarmelade
100 g Mischpilze
1 Bund Petersilie
1 Bund Schnittlauch
Salz, Pfeffer aus der Mühle
1 Prise Cayennepfeffer
Semmelbrösel zum Binden
4-5 EL Olivenöl

1. Das Rotkraut putzen, die Blätter vom Strunk lösen und diese in Salzwasser oder Gemüsebrühe kurz blanchieren, herausnehmen, abtropfen lassen und bereitstellen.
2. Für die Füllung das Mett mit der Leberwurst, dem Senf und der Preiselbeermarmelade in eine Schüssel geben und glattrühren.
3. Die Pilze gut abtropfen lassen, fein hacken, mit den verlesenen, gewaschenen und feingehackten Kräutern unter die Masse rühren.
4. Die Füllung mit Salz, Pfeffer und Cayennepfeffer kräftig würzen und mit Semmelbröseln binden.
5. Je nach Größe 2-3 Rotkrautblätter auf einer Arbeitsfläche übereinanderlegen und diese mit etwas Masse füllen.
6. Mit Hilfe eines feuchten Küchentuches zu Rouladen abdrehen.
7. Die Rotkrautwickerl mit etwas Olivenöl bestreichen und auf dem Grill oder in einer feuerfesten Form bei mäßiger Hitze garen.
8. Die Rotkrautwickerl anrichten, ausgarnieren und servieren.

GEFÜLLTE GURKENSCHEIBEN

FÜR 4 PERSONEN:
1 große Salatgurke

FÜR DIE FÜLLUNG:
400 g Kalbsbrät
1 Zwiebel
2 EL grüne Pfefferkörner
1 Bund Petersilie
1 Bund Schnittlauch
1 TL Kräuter der Provence
1 Prise Cayennepfeffer
Salz, Pfeffer aus der Mühle
3-4 EL Olivenöl
Alufolie

1. Die Salatgurke putzen, quer in vier Teile schneiden und mit einem Ausstecher das Kerngehäuse herauslösen.
2. Das gut gewürzte Kalbsbrät in eine Schüssel geben und die geschälte und sehr fein gehackte Zwiebel mit den Pfefferkörnern und den verlesenen, gewaschenen und feingehackten Kräutern dazugeben.
3. Das Ganze zu einer glatten Masse verarbeiten, mit Kräutern der Provence, Cayennepfeffer, Salz und Pfeffer kräftig würzen.
4. Die Masse gleichmäßig in die Gurken füllen, mit etwas Olivenöl bestreichen, in Alufolie wickeln und auf dem Grill garen.
5. Die gefüllten Gurken herausnehmen, in Scheiben schneiden, anrichten, ausgarnieren und servieren.

ZWIEBELSÄCKCHEN

FÜR 4 PERSONEN:
16 rote oder blaue Zwiebeln
Salzwasser oder Gemüsebrühe
16 entsprechend große Stücke Alufolie
Butter oder Margarine zum Bestreichen
1 Scheibe Bauernbrot
100 g Sellerie
Saft von 1/2 Zitrone
3-4 EL Olivenöl
1 Banane
1 TL Thymian
1/2 Bund Petersilie
Salz, Pfeffer aus der Mühle
1 TL Zitronenpfeffer

1. Die Zwiebeln schälen und in Salzwasser oder Gemüsebrühe blanchieren, herausnehmen, gut abtropfen lassen und mit einem Teelöffel aushöhlen.
2. Das Zwiebelfruchtfleisch fein hacken und bereitstellen.
3. 16 entsprechend große Stücke Alufolie auslegen und mit der Butter oder Margarine bestreichen.
4. Die Zwiebelmasse in eine Schüssel geben und das feingewürfelte Bauernbrot dazugeben.
5. Den Sellerie putzen, waschen, in sehr feine Würfel schneiden, mit Zitronensaft beträufeln und ebenfalls unter die Masse heben.
6. Das Öl in einer Pfanne erhitzen und die Masse darin kurz dünsten.
7. Vom Feuer nehmen und erkalten lassen. Die Banane schälen, mit einer Gabel zerdrücken, mit dem Thymian und der verlesenen, gewaschenen und feingehackten Petersilie unter die Zwiebelmasse rühren.
8. Die Masse mit Salz, Pfeffer und Zitronenpfeffer kräftig würzen und die Zwiebeln damit füllen.
9. Die Alufolie um die Zwiebeln wickeln und zudrehen.
10. Die Zwiebelsäckchen auf dem Grill bei mäßiger Hitze ca. 20-25 Minuten garen, vom Feuer nehmen, die Folie aufreißen, anrichten, ausgarnieren und servieren.

GEFÜLLTE CHAMPIGNONS

FÜR 4 PERSONEN:
12 große Champignonköpfe
Saft von 1 Zitrone
einige Tropfen Weißwein
einige Tropfen Worcestersauce
Salz, Pfeffer aus der Mühle
100 g Frühstücksspeck
1 kleine Zwiebel
2 Knoblauchzehen, 1 TL Salz
100 g frischen Spinat
1 Becher Frischkäse mit französischen Kräutern
Alufolie, Olivenöl zum Bestreichen

FÜR DIE SAUCE:
1 Becher Frischkäse mit französischen Kräutern
1 Becher Joghurt, Saft von 1 Zitrone
1 Tasse gehackte Kräuter ▼

1. Die Champignonköpfe putzen, die Stiele herausdrehen und das Ganze mit Zitronensaft, Weißwein und Worcestersauce beträufeln.
2. Mit Salz und Pfeffer würzen.
3. Den Speck fein würfeln und in einer Pfanne auslassen.
4. Die feingehackte Zwiebel mit den mit Salz zerriebenen Knoblauchzehen und den gehackten Champignonstielen zum Speck geben und kurz mitschwitzen.
5. Den Spinat putzen, grob hacken, zum Speck geben, mitschwitzen.
6. Vom Feuer nehmen, den Frischkäse mit französischen Kräutern untermischen, mit Zitronensaft, Weißwein, Worcestersauce, Salz und Pfeffer abschmecken.
7. Die Champignonköpfe füllen. 12 entsprechend große Stücke Alufolie mit Olivenöl bestreichen und die Köpfe darauf setzen.
8. Die Alufolie nach oben falten und auf dem Grill garen.
9. Den Frischkäse mit dem Joghurt und dem Zitronensaft verrühren.
10. Die Kräuter untermischen, mit Salz, Pfeffer, Worcestersauce und Weißwein abschmecken.
11. Die gefüllten Champignons anrichten, die Sauce dazugeben, ausgarnieren und servieren.

TOMATEN MIT KNOBLAUCH-KRÄUTERN

FÜR 4 PERSONEN:
8 mittelgroße Tomaten
2-3 EL Olivenöl

AUSSERDEM:
100 g Butter , 1 Zwiebel
2-3 Knoblauchzehen, 1 TL Salz
je 1 Bund Oregano, Basilikum, Schnittlauch und Petersilie
einige Tropfen Zitronensaft
einige Tropfen Worcestersauce ▼

1. Die Tomaten waschen, halbieren und mit Olivenöl einstreichen.
2. Die Butter in einen Grilltopf geben und die feingehackte Zwiebel darin glasig schwitzen.
3. Die Knoblauchzehen schälen, mit Salz zu einer Paste zerreiben, zur Butter geben, mitschwitzen.
4. Die Tomaten auf dem Grill garen und während der Garzeit öfter mit der Gewürz-Butter einstreichen.
5. Kurz vor Garende die gehackten Kräuter unter die Butter ziehen, mit Zitronensaft, Worcestersauce, Salz und Pfeffer abrunden.
6. Die gegrillten Tomaten anrichten, mit der Gewürz-Butter überziehen, mit Salz und Pfeffer würzen, ausgarnieren und servieren.

APFELSPIESSE MIT ZWIEBELN

FÜR 4 PERSONEN:
8 kleine Zwiebeln
Salzwasser oder Gemüsebrühe
4 säuerliche Äpfel
Saft von 1 Zitrone

AUSSERDEM:
100 g Butter oder Margarine
1 EL Majoran
Salz, Pfeffer aus der Mühle
1 Prise Cayennepfeffer
1 Bund Zitronenmelisse
2 cl Calvados
2 EL grüne Pfefferkörner ▼

1. Die Zwiebeln schälen und in Salzwasser oder Gemüsebrühe bißfest garen, herausnehmen, gut abtropfen lassen und halbieren.
2. Die Äpfel schälen, entkernen, in mundgerechte Stücke schneiden und mit Zitronensaft beträufeln.
3. Die Zwiebeln und die Äpfel abwechselnd auf Spieße stecken und bereitstellen.
4. Die Butter oder Margarine in einem Grilltopf erhitzen, mit Majoran, Salz, Pfeffer und Cayennepfeffer abrunden.
5. Die Apfelspieße auf den Grill legen, mit der Gewürzbutter bestreichen und garen.
6. Kurz vor Garende die verlesene, gewaschene und feingehackte Zitronenmelisse mit dem Calvados und den Pfefferkörner unter die Gewürzbutter rühren.
7. Die Apfelspieße mit Salz und Pfeffer würzen, anrichten, mit der Gewürzbutter überziehen, ausgarnieren und servieren.

BRATWURST-SCHNECKEN

FÜR 4 PERSONEN:
4 Bratwurstschnecken
3-4 EL Olivenöl

AUSSERDEM:
1/2 Tasse Tomaten-Ketchup
2-3 EL mittelscharfen Senf
2-3 EL süßen Senf
1-2 EL Honig
einige Tropfen Zitronensaft
Salz, Pfeffer aus der Mühle
1 Prise Knoblauchpulver
1 Prise Cayennepfeffer
1/2 Bund Schnittlauch ▼

1. Die Bratwurstschnecken mit Olivenöl bestreichen und auf dem Grill garen.
2. Den Tomaten-Ketchup mit dem mittelscharfen und süßen Senf, dem Honig und dem Zitronensaft in eine Schüssel geben und glattrühren.
3. Mit Salz, Pfeffer, Knoblauchpulver und Cayennepfeffer abschmecken und die Bratwurstschnecken damit während der Garzeit bestreichen.
4. Die Bratwurstschnecken anrichten, mit der restlichen Glasur bestreichen, mit frisch geschnittenem Schnittlauch bestreuen, ausgarnieren und servieren.

SIKOTAKAJA MARINATA

FÜR 4 PERSONEN:
800 g Kalbsleber
4 cl Metaxa
je 1 TL Thymian und Rosmarin
1 Lorbeerblatt, 1 Tasse Olivenöl

AUSSERDEM:
1 Dose geschälte Tomaten
2 Knoblauchzehen, 1 TL Salz
1 TL Basilikum, 1 TL Oregano
1/2 Bund Zitronenmelisse
1/2 Bund Estragon
1 Prise Speisewürze
Salz, Pfeffer aus der Mühle ▼

1. Die küchenfertige Kalbsleber waschen, trockentupfen und in mundgerechte Würfel schneiden.
2. Die Leberwürfel auf Spieße stekken und in eine flache Form legen.
3. Die Kalbsleberspieße mit Metaxa beträufeln, mit Thymian, Rosmarin und dem zerriebenen Lorbeerblatt bestreuen.
4. Die Leberspieße mit Öl einstreichen und im Kühlschrank mindestens 2 Stunden ziehen lassen.
5. In der Zwischenzeit die geschälten Tomaten mit einer Gabel zerdrücken und in einen Topf geben.
6. Die gehackten und mit Salz zerriebenen Knoblauchzehen zu den Tomaten geben und erhitzen.
7. Den Basilikum, das Oregano und die verlesenen, gewaschenen und feingehackten Kräuter untermischen.
8. Die Sauce mit Speisewürze, Salz und Pfeffer kräftig würzen.
9. Die Spießchen garen und während der Garzeit öfter mit der Marinade bestreichen.
10. Die Spießchen anrichten, mit der Sauce überziehen, ausgarnieren und servieren.

SÎS KEBAP

FÜR 4 PERSONEN:
1,2 kg Hammelfleisch ohne Knochen
2-3 Zwiebeln
2-3 gemischte Paprikaschoten

AUSSERDEM:
1 Tasse Olivenöl
2 Knoblauchzehen, 1 TL Salz
1 EL schwarze Pfefferkörner
1 EL Paprikapulver, edelsüß
1 Becher Joghurt
125 g Magerquark
1 Stück Salatgurke, 1 Zwiebel
2 Knoblauchzehen, 1 TL Salz
1 EL Tsatsiki-Gewürz
1/2 Bund Petersilie
1/2 Bund Schnittlauch ▼

1. Das Hammelfleisch waschen, trockentupfen und in mundgerechte Würfel schneiden.
2. Die Zwiebeln und die Paprikaschoten putzen und in Würfel schneiden, mit dem Fleisch abwechselnd auf Spieße stecken.
5. Das Öl mit den mit Salz zerriebenen Knoblauchzehen, den geschroteten Pfefferkörnern und dem Paprikapulver vermischen. Die Spieße in eine flache Form legen, mit dem Öl überziehen und 3-4 Stunden ziehen lassen.
6. Den Joghurt mit dem Magerquark glattrühren.
7. Die Salatgurke und die Zwiebel reiben, mit den mit Salz zerriebenen Knoblauchzehen unterrühren.
8. Die Sauce abschmecken und die gehackten Kräuter untermischen.
9. Die Spießchen auf dem Grill garen und während der Garzeit mit dem Gewürzöl bestreichen.
10. Die Spießchen anrichten, die Joghurtsauce dazugeben, ausgarnieren und servieren.

GEFÜLLTES PUTENFILET

FÜR 4 PERSONEN:
2 Putenbrustfilets à 400-500 g
Salz, Pfeffer aus der Mühle
400 g frische Champignons
Saft von 1 Zitrone
1 Bund Petersilie
1/2 Tasse Sojasauce

AUSSERDEM:
Sojasauce und Olivenöl zum Bestreichen ▲

1. Die Putenbrustfilets unter fließendem Wasser abwaschen, trockentupfen und mit einem scharfen Messer jeweils eine Tasche einschneiden.
2. Die Putenbrustfilets mit Salz und Pfeffer würzen und bereitstellen.
3. Die Champignons putzen, waschen, gut abtropfen lassen und in Scheiben schneiden.
4. Die Champignons in eine Schüssel geben, mit Zitronensaft beträufeln, die verlesene, gewaschene und feingehackte Petersilie und die Sojasauce untermischen.
5. Die Champignons in die Putenbrustfilets füllen und diese zunähen oder mit Zahnstochern zusammenstecken.
6. Die Putenbrustfilets mit Sojasauce und Olivenöl bestreichen und auf dem Grill garen.
7. Während der Garzeit öfter mit der Sojasauce und dem Olivenöl einstreichen.
8. Die gegarten Putenbrustfilets in Scheiben schneiden, anrichten, ausgarnieren und servieren.

GEFÜLLTES QUARKGEMÜSE

FÜR 4 PERSONEN:
2 rote Paprikaschoten
2 grüne Paprikaschoten
4 große Tomaten
Salz, Pfeffer aus der Mühle
Alufolie
2-3 EL Olivenöl

FÜR DIE FÜLLUNG:
250 g Magerquark
3 Eier
1/2 Bund Frühlingszwiebeln
1 kleines Glas schwarze Oliven
1 Knoblauchzehe
1 TL Salz
einige Tropfen Worcestersauce
Saft von 1/2 Zitrone
1 Msp. Speisewürze
Semmelbrösel zum Binden ▼

1. Die Paprikaschoten halbieren, das Kerngehäuse herauslösen und die Schoten waschen, gut abtropfen lassen und bereitstellen.
2. Von den Tomaten eine Haube abschneiden und das Kerngehäuse mit einem Teelöffel herausholen.
3. Mit der offenen Seite nach unten auf ein Tuch zum Abtropfen geben.
4. Das Gemüse mit Salz und Pfeffer würzen und auf entsprechend große Stücke ausgefettete Alufolie setzen.
5. Für die Füllung den Magerquark mit den Eiern in eine Schüssel geben und glattrühren.
6. Die Frühlingszwiebeln putzen, waschen, gut abtropfen lassen, würfeln, mit den entkernten und in Scheiben geschnittenen Oliven und der mit Salz zerriebenen Knoblauchzehe unter den Quark rühren.
7. Den Quark mit Salz, Pfeffer, Worcestersauce, Zitronensaft und Speisewürze abrunden und mit etwas Semmelbröseln binden.
8. Die Quarkmasse in das Gemüse füllen, die Alufolie an den Seiten leicht nach oben ziehen und auf dem Grill garen.
9. Nach Ende der Garzeit das gefüllte Quarkgemüse anrichten, ausgarnieren und servieren.

SCHINKEN-CHICORÉE-ROLLEN

FÜR 4 PERSONEN:
4 Stauden Chicorée
Salz,
Pfeffer aus der Mühle
einige Tropfen Weinbrand
einige Tropfen Zitronensaft
16 Scheiben Frühstücksspeck (Bacon)
8 entsprechende Stücke Alufolie
2-3 EL Butter oder Margarine
1/2 Bund Estragon
1/2 Bund Zitronenmelisse ▼

1. Die Chicoréestauden putzen, halbieren, den Strunk herausschneiden.
2. Die Chicoréestauden mit Salz, Pfeffer, Weinbrand und Zitronensaft kräftig würzen.
3. Die Chicoréehälften mit je zwei Scheiben Frühstücksspeck umwickeln.
4. Die Alufolie mit der Butter oder Margarine bestreichen und je eine Chicoréerolle darin einwickeln.
5. Die Chicoréerolle auf dem Grill garen, vom Feuer nehmen, die Folie aufreißen und mit den verlesenen, gewaschenen und feingehackten Kräutern bestreuen.
6. Mit Salz, Pfeffer, Weinbrand und Zitronensaft würzen, anrichten, ausgarnieren und servieren.

BROCCOLI-KRABBEN-TÖPFCHEN

FÜR 4 PERSONEN:
500 g Broccoliröschen
1 Zwiebel
1-2 EL Butter oder Margarine
1 Schuß Weißwein
1/8 l Gemüsebrühe
200 g Krabben oder Crevetten
Salz,
Pfeffer aus der Mühle
1 Prise Cayennepfeffer
einige Tropfen Zitronensaft
einige Tropfen Worcestersauce
1 Bund Dill
1/4 l Béchamelsauce
50 g geriebenen Emmentaler ▼

1. Die Broccoliröschen verlesen, waschen, gut abtropfen lassen und je nach Bedarf kleinschneiden.
2. Die Zwiebel fein hacken.
3. Die Butter oder Margarine in einem Grilltöpfchen erhitzen und die Zwiebel darin glasig schwitzen.
4. Die Broccoliröschen dazugeben, mit Weißwein ablöschen, mit der Gemüsebrühe auffüllen und bei mäßiger Hitze bißfest garen.
5. Die Krabben oder Crevetten dazugeben, erhitzen, mit Salz, Pfeffer, Cayennepfeffer, Zitronensaft und Worcestersauce kräftig würzen und den verlesenen, gewaschenen und feingehackten Dill untermischen.
6. Das Broccoli-Krabben-Gemüse in ausgefettete Töpfchen füllen, die Béchamelsauce mit dem Emmentaler verrühren, nochmals abschmecken und auf das Krabben-Gemüse verteilen.
7. Die Töpfchen auf den Grill stellen und fertig garen. Vom Feuer nehmen, anrichten, ausgarnieren und servieren.

ZIMT-WAFFELN

FÜR 4 PERSONEN:
125 g Butter oder Margarine
125 g Zucker
1 TL geriebene Zitronenschale
1 TL geriebene Orangenschale
1 EL Zimtpulver
1 Pck. Vanillezucker
4 Eigelb
1 Tasse Sahne
200 g Weizenmehl
4 Eiweiß
1 Prise Salz

AUSSERDEM:
Fett zum Bestreichen
Puderzucker zum Bestauben ▼

1. Die Butter oder Margarine mit dem Zucker in eine Schüssel geben und schaumig schlagen.
2. Die geriebene Zitronenschale, die Orangenschale, das Zimtpulver, den Vanillezucker und das Eigelb dazugeben und kräftig darunterschlagen.
3. Die Sahne und das Weizenmehl abwechselnd unter den Schaum rühren.
4. Das Eiweiß mit dem Salz zu einem steifen Schnee schlagen und vorsichtig unter den Teig heben.
5. Ein Waffeleisen mit Fett ausstreichen, portionsweise den Teig einfüllen und Waffeln ausbacken, herausnehmen, mit Puderzucker bestauben und servieren.

SAND-WAFFELN

FÜR 4 PERSONEN:
150 g Butter oder Margarine
150 g Zucker
3 Eier
1 Pck. Vanillezucker
1 EL geriebene Zitronenschale
einige Tropfen Rumaroma
1 Prise Salz
100 g Weizenmehl
50 g Speisestärke
1/2 TL Backpulver

AUSSERDEM:
Öl zum Ausfetten ▼

1. Die Butter oder Margarine in eine Schüssel geben und schaumig schlagen.
2. Den Zucker und die Eier abwechselnd unter den Butterschaum rühren.
3. Den Vanillezucker, die Zitronenschale, das Rumaroma und das Salz kräftig darunterschlagen.
4. Das Weizenmehl und die Speisestärke mit dem Backpulver vermischen und unter die Masse rühren.
5. Ein Waffeleisen mit Öl ausfetten, den Teig portionsweise einfüllen und die Waffeln ausbacken, herausnehmen, anrichten und servieren.

SAHNE-WAFFELN

FÜR 4 PERSONEN:
125 g Butter oder Margarine
75 g Zucker
4 Eigelb
1 EL geriebene Zitronenschale
1 Pck. Vanillezucker
150 g Weizenmehl
1 1/2 Tassen saure Sahne
4 Eiweiß
1 Prise Salz

AUSSERDEM:
Butter oder Margarine zum Ausfetten
Zimtzucker ▼

1. Die Butter oder Margarine mit dem Zucker in eine Schüssel geben und schaumig schlagen.
2. Das Eigelb nach und nach kräftig darunter schlagen.
3. Die Zitronenschale, den Vanillezucker untermischen und das gesiebte Weizenmehl abwechselnd mit der sauren Sahne unter den Teig rühren.
4. Das Eiweiß mit dem Salz zu einem steifen Schnee schlagen und vorsichtig unterheben.
5. Das Waffeleisen mit Butter oder Margarine ausfetten, portionsweise den Teig einfüllen und Waffeln ausbacken.
6. Die Waffeln aus der Form nehmen, in Zimtzucker wenden, anrichten und servieren.

MAISWAFFELN

FÜR 4 PERSONEN:
200 g Sonnenblumenkerne
400 ml kaltes Wasser
2 Eigelb
200 g Maismehl
50 g Weizenvollkornmehl
1 MSP gemahlenen Koriander
1 TL Meersalz
60 g flüssige Butter
2 Eiweiß
1 Prise Salz
Butter oder Margarine zum Bestreichen.

1. Die Sonnenblumenkerne in einer Pfanne fettfrei goldgelb rösten, herausnehmen, leicht abkühlen lassen und sehr fein hacken.
2. Die Sonnenblumenkerne mit dem Wasser, den Eigelben, dem Maismehl, dem Weizenvollkornmehl, dem Koriander und dem Meersalz sowie der flüssigen Butter zu einem glatten, kompakten Teig verrühren.
3. Das Eiweiß mit dem Salz steifschlagen und vorsichtig unter den Teig ziehen.
4. Ein Waffeleisen mit der Butter oder Margarine bestreichen, den Teig portionsweise einfüllen, glattstreichen und die Maiswaffeln ausbacken.
5. So lange wie beschrieben fortfahren, bis der ganze Teig aufgebraucht ist.

Bildquellen

Müller Milch: 2/3, 27, 41
CMA- Butterschmalz: 7, 39
Thomy: 9, 29, 35, 45
Kikkoman Sojasauce: 21, 37, 53, 59
Info-Bananen: 31, 55
ADAM: 49
Bresso Frischkäse: 57, 61
USA Sonnenblumenkerne: 63